PIERRE RABHI

L'AGROÉCOLOGIE
UNE ÉTHIQUE DE VIE

ENTRETIEN AVEC JACQUES CAPLAT

DOMAINE DU POSSIBLE
ACTES SUD | COLIBRIS

AVANT-PROPOS, PAR PIERRE RABHI 8

INTRODUCTION, PAR PIERRE RABHI 14

ENTRETIEN ENTRE PIERRE RABHI ET JACQUES CAPLAT 30

1. PRÉSENTATION 31

2. AUX RACINES DE L'AGROÉCOLOGIE 32

3. REPLACER L'AGRONOMIE DANS L'UNITÉ DU VIVANT 42

4. DES TECHNIQUES À LA MESURE DES PAYSANS ET DES PAYSANNES 47

5. VALORISER LES RESSOURCES NATURELLES ET HUMAINES 59

6. TRANSFORMER LA SOCIÉTÉ ET LES TERRITOIRES 69

AVANT-PROPOS

La terre nourricière : quelle magnifique appellation !... Mais combien sommes-nous à comprendre cette glèbe silencieuse que nous foulons durant toute notre vie, quand nous ne sommes pas confinés dans des agglomérations hors-sol qui nous la rendent encore plus étrangère ? Parmi les quatre éléments majeurs, la terre nourricière est celui qui n'a pas existé dès l'origine. Il a fallu des millénaires pour que la mince couche de terre arable d'une quarantaine de centimètres à laquelle nous devons la vie puisse se constituer. Univers silencieux d'une grande complexité, siège d'une activité intense, elle est régie par une sorte d'intelligence mystérieuse. C'est dans ce monde discret que s'élaborent, comme dans un estomac, les substances qui permettront aux végétaux de se nourrir et de s'épanouir pour se reproduire, et c'est aux végétaux que les humains et les animaux doivent leur propre survie. Il est donc important de reconnaître que la dénomination "Terre-Mère" n'est pas une métaphore symbolique ou poétique, mais une évidence objective absolue.

C'est à notre Terre-Mère que nous devons les oiseaux du ciel, la beauté des fleurs, la majesté des arbres, la grâce des animaux, les aurores, les crépuscules que nous pouvons admirer, et tout ce qui nourrit notre univers intérieur affamé en ces temps de sécheresse des esprits et des âmes. Les quelques centimètres de terre arable seraient inféconds sans l'eau qui constitue 65 % de notre propre physiologie, sans l'énergie du soleil, sans l'air qui la traverse et la nourrit de toutes ses subtilités. Il ne coûte rien de rappeler inlassablement que c'est avec tous ces facteurs visibles et invisibles que la vie a pu advenir sur notre sphère vivante.

Ainsi s'est établie une logique associative extraordinaire fondée sur la cohésion et la cohérence du vivant. La terre, le végétal, l'animal et l'humain sont de cette manière unis et indissociables. Prétendre nous abstraire de cette logique, la dominer ou la transgresser est une dangereuse errance dans laquelle l'humanité est déjà bien engagée. Il s'agit vraiment de la négation de l'intelligence. Avec l'ère de la technoscience, de l'industrie lourde, de la productivité et de la marchandisation sans limite de tout ce qui peut avoir une valeur, on ne voit plus dans la terre, les végétaux, les animaux, qu'une source de profit financier. Avec les semences standardisées, dégénérescentes, non reproductibles, les organismes génétiquement modifiés (OGM) et brevetés, les engrais chimiques, les pesticides de synthèse, la monoculture, l'irrigation à outrance, le machinisme excessif, etc., un processus meurtrier est déjà bien engagé. L'agriculture n'a pas échappé à l'idéologie du productivisme qui caractérise l'obsession de la croissance et qui n'est rien d'autre que l'avidité humaine érigée en principe d'existence sur la planète entière. Suivant les processus et les mécanismes inspirés par la loi du marché et du profit illimité, l'agriculture moderne a porté gravement atteinte à l'intégrité physique, biologique, énergétique de la terre nourricière. Elle provoque un divorce entre une conscience vivante et éclairée de l'humain et les principes initiaux qui ont instauré la vie et les lois qui président à sa continuité.

Le bilan économique, écologique et social, loin d'être positif, est dramatique : destruction de l'humus des sols et de la vie, pollution des eaux, perte de la biodiversité domestique animale et végétale, disparition des vrais paysans, de leurs savoirs, de leurs savoir-faire et de leur culture, dévitalisation de l'espace rural, avancée de la désertification, manipulation et brevetage des semences... La terre est vivante et ne peut donc subir toutes ces exactions violentes sans de graves conséquences pour les générations à venir.

Par ailleurs, ce mode de production agricole se révèle être le plus onéreux, vulnérable et dépendant de toute l'histoire de l'agriculture. Avec les pratiques agronomiques inspirées de l'industrie, plus de quinze mille litres d'eau potable sont nécessaires pour produire un kilo de viande, il faut près de deux tonnes de pétrole pour fabriquer une tonne d'engrais et jusqu'à dix calories d'énergie pour obtenir une calorie alimentaire. Bien d'autres équations négatives pourraient être invoquées pour confirmer le non-sens de l'option moderne en bien d'autres activités du temps présent. Où nous mène cette opération obstinée qui a consisté à transférer le maximum d'énergie humaine vers l'industrie en produisant avec le minimum d'agriculteurs?

L'impasse actuelle, qui dépasse largement la question agricole, est confirmée par tous les indicateurs possibles et peut susciter un sentiment d'impuissance. La perspective de notre extinction entre de plus en plus clairement dans la liste des probabilités. Le genre humain pourrait détruire la planète mais le plus probable est que la nature nous survivra. Notre vie est intimement liée à elle, par le truchement de notre propre nature, elle-même fille de la nature. Mais, si nous avons besoin d'elle, elle n'a pas besoin de nous. Les refrains que l'on nous chante servent à justifier l'injustifiable, à masquer l'incompétence des décideurs et à faire vivre l'illusion d'une civilisation cohérente. Les bons citoyens sont abusés par des prophéties rappelant les oracles de l'Antiquité. Ceux-ci avaient le talent d'entretenir dans l'imaginaire de leurs auditeurs le sentiment d'une impuissance que seules les divinités tutélaires domiciliées dans l'Olympe pouvaient circonvenir. Pourtant, plus de dérobade possible : nous sommes en grande partie les auteurs des saccages que nous déplorons.

Nous savons qu'il nous faut changer, ou disparaître.

J'aimerais être de ceux qui, conscients de leurs propres limites, sèment de l'espoir pour contribuer à susciter un éveil constructif. Car un autre monde est vraiment réalisable : c'est à cette œuvre qu'il faut nous consacrer. L'agroécologie est en l'occurrence une des options, et non la moindre, pour un véritable changement de logique dans nos sociétés. Le travail de la terre constitue l'activité la plus essentielle du genre humain, et pourtant il reste encore victime de préjugés stupides. L'histoire nous révèle que, lorsque les citadins manquent de nourriture, ils se souviennent du cousin paysan, ce "bouseux" enlisé dans un mode d'existence vu comme archaïque. Aujourd'hui, le bouseux a cédé la place à l'exploitant, et même à l'industriel de la terre. La gestion du patrimoine nourricier, appréhendée de manière intensive, conduit à un désastre prévisible déjà bien engagé. Et l'on mesure difficilement encore que le riche ne sera bientôt plus celui qui détient des biens matériels inertes destinés tôt ou tard à la déchetterie, mais bien celui qui se consacre à la vie sous toutes ses formes, à commencer par un sol fertile, seul gage de prospérité durable.

Je souhaite que cet ouvrage lève les malentendus préjudiciables sur le terme *agroécologie*, repris, récupéré et galvaudé par toutes sortes d'interprétations. Elle ne saurait se limiter à une pratique agronomique, ni être de quelque manière compatible avec l'agro-industrie. L'agroécologie, telle que nous l'entendons, est la base d'une civilisation respectueuse des écosystèmes au sein desquels l'humain est un participant favorable à la vie, et non plus contre elle.

Un petit texte introductif permet de replacer cette démarche dans son contexte historique, social et éthique. Il est suivi d'un entretien avec le chercheur Jacques Caplat, auteur de plusieurs ouvrages sur l'agriculture, avec qui j'ai eu plaisir à dialoguer sur les diverses facettes de l'agroécologie et sur la nécessité d'une éthique de vie.

Pierre Rabhi

INTRODUCTION

Depuis dix mille à douze mille ans, l'être humain autrefois cueilleur-chasseur-pêcheur, devenu agriculteur, n'a cessé de prélever dans son environnement sauvage des graines de plantes sauvages, de les cultiver, pour se nourrir, se soigner, se vêtir et répondre de mille manières aux nécessités de son existence. Il a fait de même avec les animaux, tirant parti de leur chair, leur lait, leur peau, leurs os, leurs tendons, leur instinct, leur endurance, leur force, leur vitesse et même leurs déjections dont il a appris à nourrir la glèbe nourricière. Tout cela s'appelle la domestication, "l'intégration à la demeure".

Cette innovation, que nous appelons la révolution néolithique, a été prodigieusement importante dans notre histoire et pour notre évolution. Selon les archéologues, elle aurait eu en particulier (mais pas seulement) le Proche-Orient comme espace privilégié, biotope des céréales sauvages, parmi lesquelles le blé prendra une place majeure. Cette manne a l'avantage, en plus de ses qualités nutritives, de bien se conserver dans les greniers. Elle est donc très propice à la sécurité alimentaire permanente. Cette sécurité, en libérant l'être humain des aléas de la survie, de l'anxiété et de l'angoisse qu'elle engendre, lui a permis d'affranchir son esprit pour acquérir des connaissances philosophiques, physiques, scientifiques, métaphysiques élaborées, et donc d'accéder à des espaces de créativité matérielle et immatérielle. Ces conditions semblent en particulier avoir été favorables à l'émergence des grandes civilisations mésopotamiennes, égyptiennes, asiatiques (avec le riz) ou amérindiennes (avec le maïs). Avec tous ces fantastiques attributs, il n'est donc pas étonnant que l'agriculture soit le fondement de la culture.

Certaines civilisations dont nous admirons aujourd'hui les vestiges ont été dans le même temps responsables de grandes détériorations de la biosphère par excès de sollicitations des sols pour l'agriculture, par le pastoralisme extensif, par le brûlis, les déforestations ravageuses et autres actions humaines extrêmement préjudiciables à l'enveloppe vivante de la planète Terre.

Pourtant, au cours de l'évolution de l'agriculture, des peuples dits primitifs avaient pour la terre nourricière une très grande considération manifestée par des rituels de gratitude, d'amour et de respect. Cette relation quasi ombilicale induisait la modération comme source de satisfaction. Dans les consciences d'alors, la prodigalité de la nature était l'expression d'entités invisibles, omniprésentes, dont la bienveillance était garante de notre survie. L'intelligence de la juste mesure et du prélèvement moralement licite, parce que légitime, accompagnait et régulait leur présence au monde. Comme pour les autres espèces vivantes, ces peuples n'accumulaient en aucun cas pour dissiper mais pour assurer la continuité alimentaire. Exterminer des bisons comme le faisaient les envahisseurs blancs horrifiait les Amérindiens, incapables de concevoir une telle barbarie[1]. Il s'agissait bien, pour eux, d'une profanation, d'un grave outrage infligé au Grand Esprit. Notre culture monothéiste aurait bien fait de s'inspirer de cette attitude hautement spirituelle, le monde en aurait été profondément différent. Les croyances judéo-chrétiennes, musulmanes, et bien d'autres encore, laissent à penser que la Terre ne serait qu'une sorte de plate-forme pour l'envol vers le ciel, destination ultime des âmes incarnées. On ne mesurera jamais assez l'ampleur des dommages que cette posture a infligés, par voie de conséquence, à notre merveilleuse sphère vivante.

Ces considérations mettent en évidence, par contraste, l'ampleur de la rupture entre des modes de survie en harmonie multimillénaire avec la nature et la récente urbanisation des populations, devenues dépendantes, pour survivre, d'une logique de transport et de transits incessants d'une alimentation souvent frelatée. La technologie, la thermodynamique en particulier, a instauré la civilisation de la combustion énergétique, avec la prépondérance de la matière minérale constituée selon une alchimie complexe, graduellement et

---

[1]. L'archéologie récente a montré que les ancêtres des "Peaux-Rouges", lorsqu'ils sont arrivés sur le continent américain il y a environ dix mille ans, ont eux-mêmes provoqué l'extinction de la mégafaune qui s'y trouvait. Toutefois, cette erreur a été comprise, intégrée et corrigée par leurs descendants, et il est incontestable que les peuples qui parsemaient l'Amérique du Nord lors de l'arrivée des Européens respectaient scrupuleusement les équilibres naturels et tenaient le vivant pour sacré.

depuis des millénaires, stockée dans le sous-sol sous la forme de charbon, pétrole, gaz et autres minerais massivement exhumés. En ces circonstances, l'apothéose du minéral s'est faite au détriment du biologique, comme en témoigne l'agriculture moderne.

Sous les apparences de la puissance, notre civilisation "pétrolithique" est en réalité, par sa dépendance à l'égard de ses innovations, la plus vulnérable que le genre humain ait imaginée et réalisée. Sans pétrole, électricité et communication, tout s'effondrerait. Dans ces conditions, seuls les peuples encore reliés aux forces de la vie échapperaient au naufrage. J'ai souvent parlé de l'ouvrage de Fairfield Osborn intitulé *La Planète au pillage*, publié sitôt après la Seconde Guerre mondiale. L'auteur, président de la Société zoologique de New York, a voulu lancer un cri d'alarme : "L'humanité a fait fausse route, elle risque de consommer sa ruine par sa lutte incessante et universelle contre la nature plus que par n'importe quelle guerre[1]." Cette évidence ne semble pas avoir été comprise, en particulier par la gouvernance du monde empêtré dans ses chamailleries stériles qui rappellent une cour de récréation planétaire infantile, mais privée de l'innocence qui caractérise les véritables enfants.

Il est vain de chercher à comprendre les agissements humains sans prendre en compte le facteur le plus décisif, à savoir la subjectivité humaine et les représentations qu'elle produit et incarne pour le meilleur et le pire. Jamais le mythe antique de Prométhée n'a été aussi agissant qu'en ces temps de grandes prouesses techniques. L'homme prétend devenir, par la puissance de la raison, maître absolu de son destin. Que de vanité issue de cette croyance ! Nous sommes bien obligés de constater que ce rêve prométhéen subit aujourd'hui une déconvenue assez cuisante. Nous demeurons et demeurerons des êtres fragiles et mortels, souvent suppliciés par une angoisse irrépressible, et définitivement soumis aux lois biologiques que nous impose la nature.

[1]. Fairfield Osborn, *La Planète au pillage*, trad. M. Planiol, Actes Sud, Babel n° 931, 2008.

La fameuse interrogation sans véritable réponse convaincante à ce jour : "Existe-t-il une vie après la mort ?" m'inspire une autre question, bien plus préoccupante quant à elle : "Existe-t-il une vie avant la mort ?" Car il faut bien reconnaître qu'exister a de plus en plus la prépondérance sur vivre, qui signifie, d'après moi, s'accomplir dans la joie. Nous pouvons deviser indéfiniment sur les causes de nos difficultés à vivre l'harmonie. Quelle que soit notre croyance, nous sommes bien obligés de reconnaître que la multiplicité des dogmes ou philosophies engendrée par la pensée est loin de permettre un quelconque consensus, pas plus qu'elle ne remédie à nos problèmes. Bien au contraire, elle fragmente l'humanité et constitue l'une des causes majeures des drames dont la Terre est la scène permanente. On aurait pu espérer que la sphère religieuse à laquelle certains ont recours puisse apaiser les esprits et instaurer la paix. Hélas ! elle se révèle également, trop souvent, génératrice de dissensions, de controverses sanglantes et de malentendus.

La science a, certes, fait avancer et enrichi bien des domaines de la connaissance, mais c'est malheureusement aussi à la science que nous devons certains "chefs-d'œuvre" dont la bombe thermonucléaire est l'un des fleurons hideux. Les événements ne cessent de confirmer l'expression de Rabelais selon laquelle "science sans conscience n'est que ruine de l'âme". Je maintiens que la science agronomique, inspirée par les critères du positivisme intégral, est l'une des responsables de la destruction de la vie des sols, des environnements, de la pollution des eaux et de bien d'autres conséquences préjudiciables à l'ordre biologique tel qu'il a été établi par la vie et pour la vie depuis des origines multimillénaires. C'est par la coopération entre toutes les espèces que la vie est advenue sur notre merveilleuse planète. Ce phénomène magique, facteur d'émerveillement, a été clairement exposé par mon ami Jean-Marie Pelt dans notre ouvrage commun : *Le monde a-t-il un sens ?*[1] Nier l'intelligence avec laquelle la vie s'est

---

[1]. Jean-Marie Pelt et Pierre Rabhi, *Le monde a-t-il un sens ?*, Fayard, Paris, 2014.

instaurée, c'est se nier soi-même, car nous sommes nous-mêmes l'œuvre de cette intelligence. Nous sommes l'eau qui nous abreuve, la terre qui nourrit notre corps, l'air, la chaleur, la lumière et bien des éléments et facteurs que nous étudions et examinons dans une posture mentale fragmentaire.

L'irrationalité humaine, loin d'être remise en question par nos connaissances modernes censées mieux nous éclairer, est au contraire exacerbée par la dangereuse et irréaliste "croissance économique" indéfinie. La "croissance" reste, dans le verbe des dirigeants comme des économistes, un concept illusoire prôné comme la solution à tous nos problèmes, alors qu'elle en est, pour tout esprit éclairé, la cause majeure. L'analyse objective devrait nous permettre de comprendre l'inadéquation entre nos désirs illimités (jamais assouvis) et une planète aux ressources limitées. L'industrialisation de l'agriculture, par exemple, est une véritable catastrophe car elle maltraite la nature et plonge les populations dans l'insécurité de la dépendance à un système dont elles ne maîtrisent plus les effets négatifs. Elle incite à l'abandon des productions vivrières au bénéfice de monocultures commerciales, reléguant le petit cultivateur au rang d'ouvrier spécialisé de l'industrie alimentaire. Au cours de ce dernier siècle, avec des moyens technologiques jamais égalés à la disposition des pulsions archaïques non dissipées, s'est engagée une accélération terrifiante de la destruction du patrimoine nourricier de l'humanité et des pratiques séculaires d'autosuffisance alimentaire.

Rien ne peut justifier la faim dans le monde. Pourtant, elle condamne déjà des millions d'êtres et nous menace tous, sans exception. Comme l'exprime Jean Ziegler[1] : "Un enfant qui meurt de faim est

---

1. Jean Ziegler est un sociologue suisse contemporain, rapporteur spécial auprès de l'ONU sur les questions des droits à l'alimentation dans le monde, auteur de nombreux ouvrages dont *Destruction massive : géopolitique de la faim* aux éditions du Seuil, 2011. La phrase citée, dans sa version complète, exprime que : "L'agriculture mondiale peut aujourd'hui nourrir 12 milliards de personnes. Il n'existe donc à cet égard aucune fatalité. Un enfant qui meurt de faim est un enfant assassiné."

un enfant assassiné." Cette défaillance est d'autant plus inacceptable que les ressources qu'offre notre belle et généreuse planète sont considérables. Un seul grain de blé contient potentiellement, par la puissance de la démultiplication à l'infini dont la nature l'a doté, de quoi nourrir l'humanité.

Né dans le désert du Sahara, ayant moi-même connu le manque de nourriture pendant mon enfance, je suis impliqué, personnellement et concrètement, depuis une cinquantaine d'années, pour tenter, de toute ma conviction, de répondre à cette urgence la plus vitale et la plus prioritaire qui soit. Les famines ou insuffisances alimentaires affectent un nombre toujours croissant d'êtres humains, et en particulier des enfants qui naissent pour mourir trop souvent d'inanition après une longue et douloureuse agonie. Pouvons-nous accepter que, toutes les sept secondes, un enfant de moins de dix ans meure de la faim? La non-assistance à cette détresse extrême donne, plus que tout autre indicateur, la mesure de l'égoïsme inconscient pour certains d'entre nous, de l'impuissance pour d'autres, prisonniers du système qui régente la caste mondiale des nantis. Notre société, dite "développée", enlisée dans la consommation jusqu'à l'absurde, a pour corollaire une famine intérieure que révèle un mal-être généralisé, symptôme d'un manque de nourriture de l'âme et du cœur. Entre misère tangible et misère intangible, l'humanité est, à l'évidence, invitée à reconsidérer d'urgence son *vivre-ensemble* sur la planète commune. Cette sphère vivrière, avec les richesses qu'elle recèle, peut largement satisfaire à tous les besoins du genre humain et de toute créature vivante. Pour ce faire, il faut cesser de considérer cette magnifique oasis comme un gisement de ressources à épuiser jusqu'au dernier arbre et au dernier poisson pour assouvir une insatiabilité dont la vulgarité n'a d'égal que le lucre. Nous devons donc sortir de la croyance confortable selon laquelle la problématique alimentaire ne concernerait que les pays du Sud ou quelques lointains peuples victimes de la dictature et de la corruption. À cause des excès de l'Occident et des pays émergents, une pénurie alimentaire mondiale est prévisible[1].

L'accélération des processus destructeurs nécessite absolument, et de toute urgence, une remise en cause. Le paradigme scientifico-technico-politico-lucratif actuel ne peut perdurer qu'en détruisant et en épuisant les ressources terrestres. L'amélioration de notre condition humaine, souvent invoquée comme un alibi altruiste, a pour corollaire des inégalités abyssales entre pays dits "avancés", minoritaires, et ceux qui doivent "combler" leur retard de développement : en 2015, les 80 personnes les plus riches de la planète possèdent autant que les 3,5 milliards les plus pauvres (la moitié de l'humanité). L'état du monde dit "civilisé" nous permet de douter de nos critères d'évaluation en termes de progrès humains. La finance est devenue totalitaire, puissance la plus exclusive que l'humanité ait créée pour incarner sa propre indigence morale. De l'argent, cette invention intelligente destinée à donner aux échanges le moyen de s'exercer avec commodité et équité, elle a fait un moyen de domination au service de la convoitise. Les biens communs, parmi lesquels la terre nourricière, sont confisqués non seulement aux communautés indigènes mais au citoyen du monde pour qui l'accès aux ressources vitales est de plus en plus compromis, au nord comme au sud. Rien ne peut justifier ce hold-up meurtrier si ce n'est l'indigence, la complaisance, voire la complicité de ceux qui sont censés, avec le pouvoir qui leur est conféré par les suffrages du peuple, abolir ce type de larcin. Avec la logique en vigueur, devenue universelle, il est à redouter la privatisation de la planète entière par un cartel de gros financiers.

---

[1]. Voir à ce sujet les derniers rapports de la FAO (Organisation des Nations unies pour l'alimentation et l'agriculture), les analyses d'organisations comme le CCFD-Terre Solidaire ou les estimations par le GIEC (Groupe d'experts intergouvernemental sur l'évolution du climat) des conséquences agricoles des dérèglements climatiques.

L'agriculture, déterminée depuis les origines par les lois intangibles du vivant, est désormais soumise à l'arbitraire d'une agronomie inféodée à l'industrie et à la pétrochimie internationales. Pour créer des secteurs de profit aussi exponentiel que possible, industrialiser l'agriculture a été une opération efficace. Le paysan a été dévalorisé, considéré comme un être archaïque, ignorant, prisonnier de sa glèbe et de ses superstitions. La nouvelle agronomie s'est édifiée sur l'usage et la prescription de produits de synthèse. Elle a été adoubée par la science, censée être l'antidote à toutes les erreurs du passé par l'objectivité et la rationalité, puis officiellement validée par l'autorité politique qui en a fait une option nationale. L'enseignement agronomique a été chargé de former des ingénieurs missionnés pour la propagation du nouveau dispositif jusqu'à l'échelle mondiale. Loin de jouer les censeurs à l'encontre des personnes dont un grand nombre était convaincu de faire œuvre de progrès, c'est à la logique que j'en veux. L'éradication des paysans a pu être vue, sur un certain plan et selon une certaine appréciation, comme une libération du laboureur considéré comme opprimé par la terre à laquelle il serait non pas uni, mais enchaîné, depuis la nuit des temps. Les nouveaux affranchis, libres de leurs glèbes, furent candidats pour le travail à la chaîne, quittant leurs fermes pour le salariat, le pouvoir d'achat, les congés payés et autres acquis sociaux. Le paysan, quant à lui, devenu "exploitant agricole", voire industriel de la terre, se redresse, se met à jour de la modernité. Le terme "exploitant", loin d'être anodin, est inspiré par le principe minier de l'extraction et donc de l'épuisement.

La terre n'est désormais plus perçue comme un organisme vivant d'une merveilleuse et féconde complexité, inspirant le respect, mais comme un substrat destiné à recevoir des substances chimiques de synthèse pour doper les végétaux que l'exploitant agricole aura, faute de mieux, confiés au sol. La notion de sol est, par elle-même, très significative de la distance que l'agriculteur moderne a prise physiquement, psychiquement et même émotionnellement à l'égard de la terre. La dépoétisation du langage agraire en faveur du "sérieux" langage technologique est aussi révélatrice du nouvel état d'esprit avec lequel, d'une façon générale, la nature est perçue. J'ai souvent déploré que l'écologie politique elle-même, pour rester dans la tonalité rationnelle censée la rendre plus crédible, n'ose insister sur la beauté de la nature comme nourriture de l'esprit.

Cette nouvelle conception scientifico-technique de l'agroéconomie a orienté la recherche agronomique, créé de nombreux secteurs spécialisés et formé des prescripteurs de chimie agricole. Ce démantèlement a eu pour effet la fragmentation d'un ordre vivant, indivisible par essence, fondé sur la cohésion et la cohérence de la vie. La désorganisation d'un principe vivrier par la spécialisation (céréalier, éleveur, viticulteur, arboriculteur, maraîcher, etc.) est perçue comme le summum de la rationalité. Le modèle industriel minéral, fragmenté, est ainsi transposé à la logique biologique. L'agriculture devient la "vache à lait" de tous les lobbies de la chimie, du machinisme agricole, des semenciers, des banques, des laboratoires de recherches, etc. Les grandes firmes créées pour produire des matières destinées à la guerre (nitrates, pesticides[1]) ont, par une habileté machiavélique, orienté l'utilisation de ces éléments de destruction vers l'agriculture, avec en particulier la célèbre trilogie NPK (nitrates, phosphore, potasse) comme base nourricière des végétaux domestiqués, à introduire artificiellement et délibérément dans les sols sous forme d'engrais.

Dans le mode d'existence que nous avons choisi, avec ma femme Michèle, pour nous-mêmes et nos enfants, l'application à la terre des règles fondamentales a été nécessaire pour ne pas échouer

---

1. Les nitrates étaient d'abord utilisés comme explosifs militaires avant d'être recyclés en engrais agricoles (ce qui explique l'explosion de l'usine d'AZF à Toulouse en 2001). Les pesticides furent d'abord utilisés comme armes chimiques (notamment durant la Seconde Guerre mondiale ou la guerre du Viêtnam) avant d'être employés en agriculture.

économiquement. Cependant, cela ne devait pas abolir la vision unitaire, non fragmentée, de ce merveilleux phénomène que nous appelons "la vie". La limitation délibérée que nous nous sommes appliquée avait pour corollaire une sobriété heureuse. Tout cela ne nous a pas toujours dédouanés des tourments de l'existence, mais les a transformés en épreuves initiatiques pour mieux comprendre et construire l'avenir. En dépit des difficultés intérieures et extérieures, une satisfaction issue de la précieuse cohérence de la vie domine en une joie sans cesse renouvelée. Pourtant, l'état du monde provoque, dans le lieu intime de notre être, une honte et une réprobation que nous ne pouvons ignorer. Aimer et prendre soin de la vie est devenu notre vocation, irrépressible. Loin de prétendre donner des leçons, notre expression est toujours restée dans la tonalité du simple témoignage, sans préjuger de sa résonance auprès de nos semblables.

À partir de 1981, mon expérience s'est élargie à l'agriculture sahélienne, à travers mon implication dans la formation des jeunes agriculteurs de Gorom-Gorom, au Burkina Faso. Les paysans du Sahel ont subi les mêmes avanies provoquées quasi mondialement par le système qui régit nos sociétés. L'énergie de ces autres prétendument "attardés" de l'histoire a été mobilisée à la production de matières exportables (essentiellement coton et arachide pour ce qui concerne le Sahel). La stratégie d'asservissement mise en place inclut comme indispensable "facteur de progrès" le recours aux intrants chimiques. Ces produits "miraculeux", après leur préconisation "triomphale" en agriculture occidentale, sont proposés en tous lieux comme la nouvelle panacée destinée à permettre à l'agriculture ses plus hautes performances. Qu'il faille près de deux tonnes de pétrole pour la fabrication d'une seule tonne d'engrais n'est guère précisé. Le pétrole étant indexé sur le dollar, on peut imaginer ce que les investissements de cette sorte produisent sur la bourse extra-plate du paysan du tiers-monde. Après usage d'engrais, de traitements et de pesticides de synthèse, et si la sécheresse ne l'a pas anéantie, la récolte une fois réalisée est regroupée en coopérative et livrée à la férocité de la concurrence internationale du marché des matières premières. Celle-ci ne prend pas en compte les diverses conditions de la production, la qualité des sols, les climats, la disparité entre la force humaine ou la traction animale traditionnelle sur de petits lopins et le tracteur du cultivateur moderne sur ses centaines ou milliers d'hectares. Cette inégalité des conditions réelles de production pénalise évidemment le dénominateur le plus faible : en l'occurrence le petit paysan. Cette énorme déconvenue, outre ses effets factuels, produit un découragement favorisant l'exode vers les agglomérations dites abusivement "urbaines", avec les conséquences que l'on sait. Le paysan, digne et souverain malgré tout sur sa modeste terre, se transforme en paria dans le cloaque social dénué d'âme de ces agglomérations. L'autonomie vivrière est ainsi remise en question. Sur cette indigence organisée, seule une petite caste jouissant de privilèges spéciaux, soutenue par des accointances intéressées au plan international, tire son épingle du jeu et fait profit de tout ce que le pays offre à sa cupidité en spoliant les peuples des biens que la vie leur offre légitimement pour subsister. Ce triste scénario est malheureusement devenu banal et les explosions sociales en sont et en seront, de plus en plus, les conséquences.

Ces expériences, en Ardèche ou au Sahel, m'ont aidé à préciser une démarche agricole qui renoue avec le vivant, que j'ai désignée depuis les années 1980 par le terme *agroécologie*. Cette agroécologie permet à chaque individu de contribuer à la restauration des sols, de limiter le recours aux intrants chimiques, donc à l'industrie et aux transports polluants, de revitaliser l'économie locale tout en limitant l'exode des populations paysannes vers les zones périurbaines où sévit très souvent l'extrême pauvreté. Elle valorise formidablement les acquis séculaires de l'agriculture, au nord comme au sud. En venant en aide aux petits paysans, nous nous aidons nous-mêmes à long terme.

Nous sommes de plus en plus nombreux à penser que l'agroécologie, qui relocalise la production alimentaire, à petite échelle, applicable dans n'importe quelles conditions climatiques, est la meilleure et la seule approche capable de nourrir l'ensemble de l'humanité tout en préservant la terre arable et les ressources que la vie a inventées pour la vie. Le manque de nourriture est bien souvent lié à la dépendance des populations vis-à-vis des filières d'approvisionnement dont elles sont dépossédées. Toute espèce vivante sait subvenir à ses besoins vitaux dans un écosystème naturel où elle a sa place dans la chaîne alimentaire. Pourquoi en serait-il autrement pour l'humain? Depuis ses origines, l'être humain vit de la nature. Depuis environ dix mille ans, il est fidèlement lié à la terre nourricière dont il apprivoise la fertilité pour ses propres besoins.

Des chercheurs commencent enfin à faire le rapprochement de cause à effet entre la nourriture et le fléau de certaines pathologies dites "de civilisation" qui, en dépit de nos connaissances, de nos équipements médicaux les plus sophistiqués, ne cessent de s'étendre. La nourriture, l'air, l'eau, la lumière, la chaleur, attributs fondamentaux, garants de la vie depuis les origines, deviennent peu à peu les complices de la mort. Faut-il encore et encore rappeler qu'il sera toujours, et quoi que l'on fasse, impossible d'avoir une nourriture de grande qualité sans comprendre, respecter et soigner la terre qui la prodigue?

Répondre aux nécessités de notre survie tout en respectant la vie sous toutes ses formes est à l'évidence le meilleur choix que nous puissions faire si nous ne voulons pas que les pénuries et famines se généralisent. C'est pourquoi il est d'une importance décisive que l'agroécologie, que nous préconisons, enseignons et appliquons depuis plusieurs décennies avec un grand succès, se répande dans le monde entier. S'appuyant sur un ensemble de techniques inspirées des processus naturels comme le compostage, le non-retournement du sol, l'utilisation de purins végétaux, les associations de végétaux, l'usage de semences libres, reproductibles et transmissibles de génération à génération, etc., elle permet aux populations de reconquérir autonomie, sécurité et salubrité alimentaires tout en régénérant et en préservant leurs patrimoines nourriciers pour les transmettre vivants, et même améliorés, aux générations suivantes.

Parce qu'elle est fondée sur une bonne compréhension des phénomènes biologiques qui régissent la biosphère en général et les sols en particulier, parce qu'elle est une démarche et non pas une recette figée, elle est universellement applicable. Même les grandes institutions internationales, après l'avoir négligée, handicapée ou récusée, en reconnaissent aujourd'hui la puissance et la pertinence. Je me réjouis évidemment de cette attitude éclairée tout en regrettant le temps perdu avant l'avènement de cet éclairage. "Il n'est jamais trop tard pour bien faire", dit-on... Cependant, nous devons rester très vigilants sur la portée de l'agroécologie en termes éthiques, déontologiques, humains. Il s'agit d'une grande révolution sociale, et pas seulement agronomique.

La pratique agroécologique permet de refertiliser les sols, de lutter contre la désertification et l'érosion, de préserver la biodiversité, d'optimiser l'usage de l'eau. Elle est une alternative peu coûteuse et adaptée aux populations les plus démunies dont elle emploie l'énergie métabolique humaine ou animale, souvent surabondante, mais insuffisamment sollicitée et mal valorisée. Par l'usage optimisé des ressources naturelles et locales, elle libère le paysan de la dépendance à l'égard des intrants chimiques, coûteux et destructeurs. Elle participe à réduire fortement des transports générateurs de tant de pollutions, dus à une véritable chorégraphie de l'absurde où des denrées anonymes parcourent chaque jour des milliers de kilomètres plutôt que d'être produites localement sur les divers territoires. Elle permet d'obtenir, et cela est sans doute l'une de ses finalités essentielles, une alimentation de qualité, garante de bonne santé pour la terre et ceux qu'elle nourrit. L'agroécologie bien comprise constitue la base d'une formidable et belle mutation en conciliant et réconciliant l'humain avec les principes fondamentaux auxquels il a dû, doit et devra toujours la vie.

Aimer et prendre soin de la vie et de nos vies ne peut être réduit à un sentiment romantique. Le réalisme impose que l'intelligence, la vraie, que nous confondons trop souvent avec les aptitudes performantes du cerveau, permette d'éclairer nos comportements. Et nous voici au cœur d'un grand carrefour de notre réalité : compte tenu de l'ampleur jamais atteinte du pire qui nous menace, le meilleur est à cultiver impérativement. Nous le devons à nous-mêmes et aux nombreuses générations qui suivront si nous n'interrompons pas cette magnifique, généreuse et grandiose perpétuation. L'idée que nous pourrions détruire la planète est un leurre. Elle a survécu à des vicissitudes innombrables. La nature est en mesure, par sa puissance infinie, de nous réduire à un simple accident de parcours dans son itinéraire certes limité, mais à une échelle qui dépasse de loin notre condition.

C'est ainsi que l'agroécologie représente bien plus qu'une simple alternative agronomique. Elle est l'une des expressions profondes du respect de la vie et replace l'être humain dans sa responsabilité à l'égard de celle-ci. Au-delà des plaisirs superficiels et éphémères jamais assouvis, ce rapport à la terre réhabilite le sentiment de ces êtres premiers pour qui la création, les créatures et la terre étaient avant tout sacrées. D'une façon plus pragmatique, l'agroécologie constitue la base d'une prospérité légitime par la reconquête du pouvoir de l'individu et de sa communauté pour subvenir, avec ses propres moyens et les ressources dont il dispose, à ses besoins vitaux. Un écosystème géré selon les principes agroécologiques devrait permettre d'infléchir peu à peu les conditions climatiques locales, de créer de la biomasse, de diversifier les ressources non seulement pour les besoins alimentaires mais aussi pour la construction des bâtiments et des clôtures, de produire de l'énergie à usage domestique, de maîtriser les flux et stockages de l'eau, de reboiser, d'améliorer les conditions sanitaires des populations, de proposer des moyens thérapeutiques naturels, de stimuler une flore et une faune endémiques, etc. Car l'agroécologie ne se limite pas, comme je l'ai souligné, à une technique agricole. Elle est la racine-pivot d'une réalité bien plus vaste, avec des corollaires variés allant dans le sens de l'autonomie, de l'harmonie avec la nature et du bien-être des populations. L'agroécologie est un art de vivre sur notre belle planète, qui pourrait se partager au-delà des cultures et des frontières car elle n'a d'autre identité qu'un humanisme véritablement incarné où que l'on se trouve.

Pierre Rabhi[1]

---

1. Pierre Rabhi est le fondateur d'une association dédiée à la diffusion de l'agroécologie : Terre & Humanisme (http://terre-humanisme.org/).

ENTRETIEN ENTRE PIERRE RABHI
ET JACQUES CAPLAT

1. Présentation

L'agroécologie est à la fois une démarche humaine, intellectuelle et spirituelle, et une pratique agricole. Cette dernière dimension fait depuis peu l'objet d'une reconnaissance institutionnelle, à l'échelle française et internationale : mention explicite dans la "Loi d'avenir pour l'agriculture, l'alimentation et la forêt" adoptée en France en 2014 ; rapport 2011 sur le droit à l'alimentation adopté au sein des Nations unies par le Conseil des droits de l'homme ; documents et projets de l'Organisation des Nations unies pour l'alimentation et l'agriculture depuis le début des années 2010. C'est bien sûr une chance, et l'espoir d'une inflexion progressive des politiques publiques. Mais cela peut également être une source de confusion, puisque la notion d'agroécologie devient un enjeu politique et économique, et peut se retrouver invoquée à contresens, voire instrumentalisée pour des intérêts douteux. Que penser des multinationales qui se réfèrent à présent à l'agroécologie pour justifier leur mainmise sur les ressources agricoles et la vente de produits néfastes à l'environnement ?

C'est pourquoi il a semblé utile de mettre en relation l'expérience et la pensée complexe de Pierre Rabhi et les réflexions et questionnements de l'agronome Jacques Caplat.

Lui-même directement issu du monde paysan, Jacques Caplat a exercé comme conseiller agricole de terrain, au sein d'abord d'une Chambre d'agriculture puis d'un Groupement d'agriculture biologique. Il a ainsi été confronté à la diversité concrète du monde agricole, ainsi qu'aux trajectoires d'évolution technique d'agriculteurs décidés à modifier leurs pratiques. Il a ensuite été l'un des coordinateurs de la Fédération nationale d'agriculture biologique (FNAB), ce qui l'a conduit à négocier des politiques nationales et européennes. Il fut par exemple animateur du Groupe d'experts français sur les semences biologiques et l'un des représentants de la France auprès de l'Union européenne sur ce dossier, et contribua par ailleurs à la création du Réseau Semences Paysannes. Dans les années 2000, Jacques Caplat était également l'un des principaux acteurs de la mise en place des aides françaises à l'agriculture bio, et l'auteur de plusieurs synthèses et propositions sur l'accompagnement des conversions vers l'agriculture biologique. Il possède en outre une expérience internationale, ayant travaillé en Afrique et restant impliqué dans des programmes européens. Il est notamment l'auteur de *L'Agriculture biologique pour nourrir l'humanité – Démonstration* (ActesSud, 2012) et *Changeons d'agriculture – Réussir la transition* (Actes Sud, 2014).

En tant qu'administrateur de l'association Agir pour l'environnement, Jacques Caplat est conduit à s'impliquer dans les débats d'actualité en matière d'agriculture, et à constater les ambiguïtés des politiques de reconnaissance de l'agroécologie. Sa rencontre avec Pierre Rabhi est l'occasion pour ce dernier d'affiner ses réflexions en relation avec les évolutions institutionnelles récentes, de faire quelques mises au point salutaires sur ce qu'est et ce que n'est pas l'agroécologie, et de mettre en lumière l'aspect ô combien crucial et actuel de ce sujet. L'entretien qui suit est issu d'une rencontre en Ardèche le 31 mars 2015.

2. Aux racines de l'agroécologie

JACQUES CAPLAT : L'agroécologie que tu défends n'est pas une théorie ou un concept, mais une pratique et une éthique que tu as élaborées en cheminant, dans une trajectoire de vie et de recherche philosophique. Pour remettre cette réflexion en situation, peux-tu dire quelques mots sur la manière dont tu as construit ta propre expérience de paysan ?

PIERRE RABHI : J'ai peut-être eu la chance de choisir d'être paysan, ce qui m'a permis d'agir en conscience, sans me laisser emprisonner par les habitudes et un conditionnement dont je parlerai plus loin. Je tiens d'ailleurs beaucoup à ce terme : le paysan tient le pays et il est en même temps tenu par le pays, dans une sorte d'embrassement réciproque. Mon installation dans les Cévennes ardéchoises est le départ de mon engagement dans l'agroécologie, mais c'était l'aboutissement d'un premier cheminement, qui m'a conduit de mon Algérie natale jusqu'à Paris, puis d'un métier d'ouvrier spécialisé jusqu'à l'agriculture. Mon départ d'Algérie était la conséquence d'une rupture avec mes familles d'origine et d'adoption, mon départ de Paris et du monde ouvrier résultait d'un sentiment d'enlisement dans un matérialisme avide et immodéré. Il me fallait construire autre chose, même si cela allait à l'époque à contre-courant de l'exaltation urbaine des Trente Glorieuses.

Avant même mon installation proprement dite, j'avais eu une première expérience instructive car, pour valider mon "brevet d'apprentissage agricole", je devais travailler quelques années comme ouvrier agricole. Il se trouve que, chez mon premier patron, j'étais déjà choqué et indigné de l'usage inconsidéré des produits chimiques, dont l'application était pour moi un cauchemar. Pour l'anecdote, je m'étais ouvert de mes réticences à mon patron, qui avait commencé par s'en offusquer, jusqu'au jour où mon ami le médecin Pierre Richard nous a conseillé la lecture de *Fécondité de la terre*, d'Ehrenfried Pfeiffer. Il en a été bouleversé et s'est complètement remis en question ; ce fut sans doute le premier agriculteur que j'ai aidé à évoluer. Quoi qu'il en soit, le recours aux poisons pour traiter les cultures ne me convenait décidément pas, et je ne pouvais pas envisager d'autres méthodes que celles de l'agriculture biologique et biodynamique.

En 1963, lorsque nous nous sommes installés dans notre ferme en Ardèche avec ma femme Michèle, nous avons fait le choix d'élever des chèvres parce que le biotope s'y prête parfaitement. Comme le terrain est accidenté et rocailleux, il n'aurait pas convenu à des moutons – sans parler des vaches –, alors que les chèvres aiment grimper et s'accommodent très bien de terres un peu arides. Nous pouvons utiliser le lait des chèvres pour fabriquer des fromages, vendus sur les marchés locaux, ce qui nous intéressait beaucoup plus que de céder le lait à une coopérative. Le choix qui s'offrait à nous était soit de nous spécialiser dans la production de lait brut, ce qui imposait d'en produire beaucoup pour espérer dégager un revenu, soit de transformer nous-mêmes le lait en fromages pour créer de la valeur ajoutée et espérer en vivre sans tomber dans la course-poursuite à la productivité. Nous avons volontairement limité le nombre d'animaux, de façon à ménager le milieu sans l'épuiser, et à nous intégrer en douceur dans un paysage remarquable fait de larges espaces, de magnifiques bois sauvages et de garrigues. Dans le même temps, nous cultivions notre jardin, qui assurait un complément important et qui renforçait la relation entre la terre, le végétal, l'animal et les humains. En toutes choses nous cherchions la modération, sans que nos enfants manquent de l'essentiel.

Les terrains cultivables où nous nous sommes installés ne portaient à l'époque aucun arbre, l'aridité les caractérisait. Grâce au fumier des chèvres et à tous les déchets végétaux transformés en compost, nous avons peu à peu fertilisé et enrichi la terre, qui est devenue féconde, et planté des arbres fruitiers. En couvrant le sol par des cultures complémentaires entre elles, en évitant de retourner la terre en profondeur, en choisissant des végétaux adaptés à la région et au sol, nous avons engagé une relation intime et amicale avec notre ferme. Il s'agissait non seulement de s'insérer dans le vivant, mais également de laisser la terre meilleure qu'on ne l'a reçue, afin de transmettre une potentialité augmentée.

Nous sommes entrés dans la dynamique de la vie en la servant plutôt qu'en la combattant. Le terrain peut être contrariant, par exemple lorsqu'un alignement d'arbres est rendu irrégulier par les contraintes d'un sol rocailleux qui ne se laisse pas creuser là où la rationalité humaine voudrait placer les plants. Apprendre à composer avec la topographie, l'aridité, l'épaisseur de la terre ou le comportement des animaux est un véritable éveil libérateur.

La limitation à trente chèvres relevait d'un choix de cohérence écologique refusant la dérive industrielle, mais également d'un choix personnel de gérer un troupeau d'animaux considérés presque comme nos compagnons. Nous n'avons jamais envisagé nos chèvres comme des machines à produire du lait, mais nous voulions au contraire avoir un vrai rapport à l'animal en tant qu'être sensible. Chaque bête avait son nom, et il nous arrivait d'en discuter à table à la manière dont nous parlions des actions ou de la santé des membres de la famille. En d'autres termes, même s'il nous fallait bien dégager un revenu, il ne s'agissait pas de vivre "des chèvres" mais "avec les chèvres". Nous étions avec elles davantage dans un rapport de solidarité que d'exploitation. Il me semble que, s'ils l'avaient pu, nos animaux nous auraient qualifiés de braves gens.

Nous cherchions à respecter le milieu vivant, mais également les humains qui constituaient notre clientèle. En vendant sur les marchés, nous entrions en relation avec eux et nous tenions beaucoup à la chaleur de ces relations. Contrairement à une image désobligeante souvent propagée par les médias au sujet du "retour à la terre", nous n'aspirions certainement pas à la marginalité ! Nous restions membres d'une communauté humaine, et mon engagement ultérieur témoigne de ce souci humain et social. Grâce aux propriétés du lait "sauvage" et à la parfaite maîtrise de la fabrication du fromage par Michèle, nos produits étaient reconnus pour leur qualité, ce qui traduit également le respect que nous avions pour les acheteurs, sans oublier que la reconnaissance qui vient en retour est tout aussi précieuse. Cet échange avec les clients est devenu un vrai moment de convivialité entre personnes fidèles qui se retrouvaient à chaque marché. Autrement dit, nous avions fait de notre activité de production un art de vivre et une opportunité pour tisser des liens.

J. C. : Cette expérience que tu as acquise et développée sur ta ferme, tu l'as ensuite confrontée à un autre terrain, celui du Burkina Faso.

P. R. : À la fin des années 1970, le fossé entre l'opulence apparente des pays du Nord et la pauvreté et la misère qui se maintenaient dans les pays du Sud est devenu criant, et de nombreuses associations se sont impliquées dans la "solidarité internationale". Comme le fonctionnement de ma ferme ardéchoise avait alors trouvé son rythme de croisière après une quinzaine d'années de tâtonnements et d'évolution, j'éprouvais l'envie de m'engager dans de nouveaux projets et j'ai participé moi-même à des échanges de savoirs entre pays, en accueillant un stagiaire issu de ce qui s'appelait encore la Haute-Volta, futur Burkina Faso. Le rapport qu'il tira de son expérience chez nous a intéressé les autorités locales, qui m'ont invité à mon tour. C'est ainsi qu'en 1981, j'ai commencé à intervenir dans des centres de formation des jeunes agriculteurs du Burkina, où j'ai proposé de remplacer les engrais chimiques par un compost élaboré à partir des matériaux disponibles localement. Mon expérience n'avait de sens que si elle s'adaptait à leurs ressources locales et permettait aux paysans de redevenir autonomes – notamment les plus démunis.

Avec l'aide de l'association et compagnie aérienne Le Point Mulhouse, nous avons créé un centre de formation des paysans à Gorom-Gorom, dans le Nord semi-aride du Burkina Faso. Après des démonstrations réussies, nos méthodes ont fortement intéressé Thomas Sankara, arrivé au pouvoir en 1983. Il a largement soutenu l'agroécologie et souhaitait, sous mon égide, en faire une option nationale prioritaire, ce qui a malheureusement avorté avec son assassinat en 1987. Pour autant, l'expérience s'est pérennisée et s'est propagée dans tout le pays, et a peu à peu essaimé dans plusieurs pays d'Afrique. Je crois que cette ouverture africaine était une évolution nécessaire, pour donner à l'agroécologie sa pleine dimension humaniste – qui doit être bien distinguée de l'humanitaire – et l'insérer dans les enjeux planétaires et alimentaires. J'ai également pu vérifier à quel point les plantes peuvent être adaptées à des conditions extrêmes, capables de valoriser des pluies parcimonieuses ou de s'enraciner dans des terres très pauvres. C'est cette richesse adaptative des terres et des plantes qui doit être choyée et stimulée.

J. C. : Comment résumerais-tu les bases techniques de l'agroécologie ?

P. R. : Nous partons d'abord de la terre, de la glèbe. Une terre vivante est constituée de plusieurs "horizons", c'est-à-dire de plusieurs couches de compositions physiques et biologiques différentes mais complémentaires. En particulier, la couche supérieure abrite une flore et une microfaune aérobies, qui ont besoin d'oxygène, ce qui suppose d'éviter tout tassement excessif et de maintenir un réseau racinaire diversifié et régulièrement renouvelé. Comme les micro-organismes du sol se répartissent à plusieurs profondeurs, il faut éviter de retourner trop fortement la terre et de chambouler ces écosystèmes stratifiés. Les charrues à versoir qui enfouissent la couche de surface et exhument celles du fond pour la recouvrir sont donc prohibées. Nous privilégions les outils aratoires qui ameublissent la terre sans la retourner.

Cette terre doit être protégée contre l'érosion et permettre à l'eau de s'infiltrer. Pour cela, nous cherchons à la couvrir au maximum tout au long de l'année, et à implanter des végétaux dont l'enracinement profond a un effet stabilisateur. Souvent, les arbres peuvent être un très bon choix dans ce but. Si possible, il est intéressant de cultiver plusieurs espèces végétales différentes dans le même champ, ce qui améliore la couverture du sol. Cela présente l'avantage d'optimiser la captation de l'énergie solaire, et donc d'augmenter les rendements. Dans les régions tropicales et sahéliennes, il est recommandé de construire des systèmes étagés, où les arbres protègent des cultures au sol. Dans ces régions, l'érosion par les pluies et le vent est très active et nécessite des aménagements spéciaux dits "anti-érosifs". En ces lieux, l'activité humaine, le déboisement excessif pour alimenter les concentrations urbaines, l'excès de troupeaux et l'usage du feu de brousse sont catastrophiques et devraient être sévèrement réglementés.

L'alimentation des plantes s'appuie sur la fertilisation du sol. Au lieu de fertiliser directement les plantes par des produits chimiques, nous devons enrichir le sol par l'apport de matières organiques, c'est-à-dire issues d'organismes vivants. La ressource principale pour la fertilité de la terre sera le compost, un mélange de déchets animaux et de paille ou d'autres végétaux qui a subi une fermentation aérobie contrôlée incluant une phase de forte montée en température. Ce processus, appelé compostage, permet d'obtenir une matière stable, débarrassée des organismes pathogènes, dont le parfum rappelle celui de la terre de forêt. C'est l'humus qui est au cœur de la vie des sols. Le compost retient l'eau comme une éponge, ce qui est un avantage avéré sur les terres à tendance sèche comme celles du Sahel où nous l'avons appliqué avec beaucoup de satisfaction. Cette matière donne de la cohésion aux terres sablonneuses, et ameublit celles que l'argile rend trop lourdes et compactes. Elle est en outre un concentré de micro-organismes de première importance, qui assureront la libération progressive des oligo-éléments dont les plantes auront besoin, etc.

La diversité des semences est un patrimoine indispensable, car à chaque biotope répondent des variétés différentes, adaptées parfois depuis des millénaires mais toujours évolutives. Seuls les paysans ou des groupes de paysans peuvent entretenir et enrichir cette diversité qu'aucun laboratoire, si perfectionné soit-il, ne saurait élaborer. La perte actuelle de la biodiversité, dont les semences sont un exemple, fait partie de ces catastrophes insidieuses dont peu de citoyens ont conscience. Les générations à venir paieront malheureusement le prix fort de toute cette irresponsabilité.

Les deux premières techniques de lutte contre les maladies et parasites sont de disposer d'une terre riche en humus et de semences adaptées. Lorsqu'elle est fertilisée par des apports organiques, la terre libère les substances nutritives selon le rythme exact de leur utilisation par les plantes. En effet, les engrais organiques produisent un humus stable, et c'est ensuite la vie microbienne du sol qui "détache" progressivement les éléments minéraux de l'humus pour les rendre absorbables. Or, l'activité microbienne du sol est calquée sur celle des plantes, ce qui permet une parfaite adéquation entre la disponibilité minérale et les besoins des végétaux. Il en va tout autrement avec les engrais chimiques, qui apportent des minéraux directement sous forme soluble dans le sol, ce qui conduit à leur absorption en excès et en permanence par les cultures. Ces dernières sont alors surchargées en certains minéraux au détriment des oligo-éléments du sol, se retrouvent déséquilibrées et deviennent des appâts à parasites.

Si la variété utilisée est adaptée au milieu, l'équilibre de la plante sera encore renforcé. Mais la garantie à 100 % d'éviter le parasitisme est impossible. Nous utilisons alors des produits naturels à faible rémanence[1] et faible toxicité. Certains macérats de plantes ou purins font merveille. Faire voisiner des espèces cultivées choisies provoque également une protection croisée parfois très satisfaisante : ainsi, le céleri protège le chou en éloignant la piéride, tandis que le chou protège le céleri de la septoriose. L'agroécologie développe également la *lutte biologique*, qui consiste à assurer la régulation des parasites par la présence d'autres espèces protectrices (insectes, oiseaux, petits carnivores, etc.). C'est ainsi que la présence de haies et de bandes enherbées est très utile aux cultures de céréales, car elles abritent des scarabées nommés "carabes" qui mangent les limaces et améliorent donc les rendements céréaliers. La combinaison de toutes ces techniques est parfois nommée *lutte intégrée*. La nature est riche en stratagèmes positifs, encore faut-il les

---

1. La rémanence est la capacité d'un produit à maintenir son effet sur une longue durée. Les produits à faible rémanence s'éliminent rapidement et n'ont qu'une toxicité très courte.

identifier et les utiliser. La notion de coopération avec la vie prend ici toute sa beauté et sa pertinence.

L'eau est évidemment une magnifique ressource vitale absolument indispensable, mais son usage doit être modéré pour éviter le lessivage des sols, leur compactage, l'hydratation excessive aboutissant à des aliments fragiles et peu nutritifs, etc. L'eau d'irrigation doit en outre être d'origine pluviale autant que possible, et son utilisation ne doit pas conduire à la destruction des milieux naturels ou à l'épuisement des nappes phréatiques. À partir des expériences au Sahel, nous avons développé de nombreuses techniques pour optimiser la gestion de l'eau en milieu aride, par exemple au moyen de diguettes, ce qui permet notamment de réduire la "corvée d'eau" qui repose généralement sur les femmes et les épuise.

J. C. : Nous reviendrons naturellement sur l'importante question de l'eau et de sa gestion, qui est au cœur de plusieurs actualités. Nous ne pouvons pas achever ce tour d'horizon introductif sans aborder l'élevage, très présent dans l'agriculture française. Quelle place donnes-tu aux animaux ?

P. R. : L'approche en conscience de l'agroécologie est, telle que je la conçois, totalement incompatible avec la condition imposée aux animaux des élevages industriels par l'esprit du profit et de la pseudo-rationalité. Ravalées au rang de machines à produire des protéines, ces créatures sont gérées avec un esprit froid, une pensée exiguë dénuée de sensibilité, organisant le confinement du maximum d'animaux dans le minimum d'espace, pour une productivité maximale dans un minimum de temps.

Cependant, s'ils sont élevés avec respect, les animaux jouent un rôle important dans la production du compost, si utile pour fertiliser la terre nourricière. Ils participent au cycle de l'interdépendance du vivant. Il ne faut pas oublier non plus que, pour l'immense majorité des paysans à travers le monde, le travail de la terre et le transport des denrées sont assurés par la traction animale qui permet d'améliorer considérablement les conditions de travail des sociétés agraires. Entre le végétarisme et la consommation excessive de protéines animales, un compromis positif est sans doute possible. J'ai adopté pour ma part la voie d'un juste milieu, en choisissant de consommer modérément des produits animaux dont la production participe d'une logique d'équilibre de notre écosystème agroécologique.

Quelle que soit l'option choisie, nous devons être intransigeants sur l'urgente nécessité de cesser de faire souffrir les créatures compagnes de notre destin. Il s'agit d'une exaction qu'une conscience éveillée réprouve. L'élevage agroécologique doit considérer le confort de l'animal, et lui assurer un espace de liberté de mouvement dans une relation sensible. Il va sans dire que les animaux doivent être nourris conformément à leur physiologie naturelle, et non pas au moyen de concentrés qui détournent des millions d'hectares de l'alimentation humaine en gaspillant l'énergie.

Finalement, l'élevage pose directement la question de l'échelle agroécologique, qui se retrouve dans l'acte commercial. La logique industrielle conduit à des monopoles totalitaires où l'agriculteur est subordonné aux intérêts à court terme d'une minorité. Les choix agricoles ne sont pas indépendants de choix économiques plus larges, et l'agroécologie privilégie des circuits courts réduisant les intermédiaires et les distances, ainsi que des entreprises d'une taille permettant des échanges humains et une régulation locale. Une agriculture à petite échelle ne libère pas seulement les animaux, mais aussi les travailleurs. Je pense souvent à ces agriculteurs conventionnels pour qui leur exploitation est devenue un pénitencier. On sait que cette catégorie socioprofessionnelle compte un nombre douloureux de suicides, par désespoir, surcharge ou impossibilité de venir à bout des endettements qu'impose le machinisme moderne.

3. Replacer l'agronomie dans l'unité du vivant

JACQUES CAPLAT : Tu as cité l'ouvrage fondateur de Pfeiffer, *Fécondité de la terre* (1938), qui fut à l'origine des premiers courants de l'agriculture biologique et biodynamique. La clé de voûte de ta démarche n'est-elle pas cette "révolution systémique" souhaitée par Pfeiffer et Howard[1] à la fin des années 1930, et qui aurait dû refonder l'agronomie ?

PIERRE RABHI : Lorsque j'ai commencé à expérimenter ce qui allait devenir l'agroécologie, *Fécondité de la terre* était l'un de mes livres de chevet, l'un de ces textes qui élèvent et qui suscitent la réflexion autant que l'émerveillement. Sa volonté de composer avec "l'organisme agricole" conçu comme une totalité résonnait avec mes propres aspirations, et offrait une alternative à la vision étriquée que les centres de formation, les journaux et les banques cherchaient à nous imposer.

Pfeiffer s'efforçait de prendre en compte les structures naturelles, ainsi que les flux d'énergie et de matière dans une logique de cycles à l'échelle planétaire. Il était préoccupé de replacer l'acte agricole dans une relation intime avec le vivant, voire de refaire de l'agriculture un truchement, un médiateur entre les sociétés humaines et la nature. Il réenchantait l'agriculture en lui donnant un sens où le cosmos tout entier est impliqué.

Et puis il ne faut pas oublier que Pfeiffer était lui-même inspiré par Rudolf Steiner, qui a fondé une école philosophique (l'anthroposophie). Bien sûr, chacun peut choisir d'adhérer ou de ne pas adhérer à la philosophie de Steiner, mais il est intéressant de découvrir comment Steiner et Pfeiffer contestent la vision strictement matérialiste qui réduit la planète à sa dimension minérale et nous

---

1. Agronome et botaniste britannique ayant travaillé plusieurs décennies en Inde, Sir Albert Howard est le père de la pédologie moderne et du courant britannique de l'agriculture biologique. Son ouvrage *Testament agricole*, publié en 1940, est souvent considéré comme le deuxième socle de l'agriculture biologique après le livre de Pfeiffer.

fait oublier que nous habitons l'infini. L'approche agronomique de leur époque, et encore de la nôtre, hélas, est fondée sur une vision positiviste ou réductionniste. La science positiviste raisonne à partir d'équations simples pour ne pas dire simplistes, en réduisant le monde à des mécanismes action-réaction isolés les uns des autres. Elle cherche à fragmenter le monde au lieu de l'appréhender dans sa cohérence et dans son unité. En fin de compte, cette agronomie a fini par oublier qu'on a affaire à la vie, qui ne se compose pas uniquement d'éléments visibles.

L'agriculture ne peut pas se résumer simplement à labourer des terres, ajouter des substances chimiques et faire pousser des plantes. Pfeiffer, et d'autres, nous rappellent que la terre est vivante, qu'elle obéit à des lois qui lui sont propres et qui mettent en jeu des milliards d'organismes microscopiques et des principes subtils. De nombreuses mythologies ou expressions font référence à la "terre nourricière", la fameuse Terre-Mère, qui répond aux besoins de l'humain dans la prolongation de sa propre vie. On peut d'ailleurs remarquer qu'en français du moins, le même mot désigne la planète Terre et la terre nourricière, la glèbe. C'est la raison pour laquelle je préfère employer ce terme plutôt que celui de "sol", qui renvoie davantage à une matière inerte. Notre première préoccupation doit être de ne pas contrarier ces dynamiques vivantes de la terre, de les comprendre, d'en prendre soin, et de les accompagner.

J'aime comparer cet ordre à celui d'une symphonie. Un nouvel instrument peut enrichir et embellir la symphonie, à condition de ne pas jouer de fausses notes, c'est-à-dire de respecter la mélodie, la cadence et la dynamique musicale de l'orchestre. Nous sommes placés devant la même responsabilité, celle d'éviter d'être dissonants avec la symphonie du monde, à commencer par celle de la terre et des plantes. Et malheureusement l'agriculture positiviste productiviste s'obstine à jouer des fausses notes. Notre responsabilité est désormais de nous "accorder" avec cette réalité infiniment plus vaste et ancienne que nous.

On pourrait dire pour être simple que la biodynamie[1] prend en compte les énergies et les phénomènes dynamiques globaux. Terre, cosmos, influences astrales, dimension énergétique, tout est inclus dans les lois qui expriment le vivant. Avec cette approche, j'ai eu le sentiment, en appliquant ses recommandations, qu'elle préconise d'entrer en résonance juste avec la symphonie de la vie.

Une fois que l'on a compris la nécessité primordiale de ne pas aller à l'encontre des équilibres et des forces complexes du monde vivant, il devient possible d'élaborer une science agronomique plus réaliste. Si je reprends ma formule précédente, nous devons ne pas contrarier, puis comprendre et accompagner. La compréhension fait appel à une intelligence nouvelle, débarrassée du matérialisme positiviste, et qui sache accepter la complexité et les interrelations entre les multiples composantes du vivant. C'est en effet la démarche systémique qui est la seule à être féconde. La rupture est de même nature que celle qui existe entre la physique newtonienne et la physique quantique, elle implique une révolution dans les modes de pensée.

Elle permet ensuite, en toute humilité, d'intervenir parcimonieusement, d'agir en respectant la logique de ces écosystèmes qui nous dépassent : en cultivant, je construis, j'entretiens, j'aime, je prends soin, je transmets un patrimoine vivant et valorisé.

J. C. : D'une certaine manière, les paysans pourraient se concevoir comme des "bergers du vivant" ?

P. R. : Je dirais des "intendants éclairés" ! Nous, agriculteurs, devons réapprendre à nous comporter comme des pourvoyeurs de vie, et non plus comme des prospecteurs cherchant à exploiter jusqu'à l'épuisement une planète oasis au sein d'un grand désert astral, ravalée au niveau d'un simple stock de ressources.

---

[1]. La biodynamie est l'un des courants fondateurs de l'agriculture biologique, directement issu des travaux de Rudolf Steiner et d'Ehrenfried Pfeiffer.

Nous devons prendre enfin conscience du fait que notre planète est une oasis de vie perdue dans un désert intersidéral. Cela est valable pour l'ensemble des ressources de la Terre, mais en particulier pour l'agriculture. Les habitants des oasis ont compris que chaque parcelle de terre fertile doit être préservée contre le désert, que chaque plante est un trésor, que chaque goutte d'eau est un bijou. Les agriculteurs doivent apprendre à soigner et préserver de la même manière leurs fermes, et l'humanité doit en faire autant à toutes les échelles. L'histoire montre que de nombreuses sociétés humaines ont su tirer parti de ce que la nature mettait à leur disposition ; pourquoi ne retrouverions-nous pas cette lucidité ?

La forêt fournit un bon exemple de la manière dont ce qui est issu de la terre peut ensuite la ménager et l'enrichir. Après avoir ancré sa croissance dans la terre dont il dépend totalement, l'arbre la stabilise puis la renouvelle en lui restituant des feuilles, de la sève, des brindilles, tout ce qui constitue la matière première de l'humus. L'humus est finalement au cœur de l'approche agroécologique, puisqu'il est étymologiquement relié aussi bien à l'humain qu'à l'humilité et à l'humidité. Lorsque l'humus disparaît, la vie finit par disparaître. Lorsque la forêt ménage et renouvelle l'humus, d'autres étages végétaux et d'autres formes de vie peuvent se développer.

L'une des grandes erreurs de l'agriculture actuelle est de ne pas renouveler l'humus, et d'apporter à la place des substances chimiques instables car solubles. Les sols européens ont perdu 50 à 60 % de leur humus, de leur matière organique, depuis un siècle. Nous sommes en train de falsifier et de rompre un processus indispensable à la pérennité de la vie elle-même.

J. C. : Pour revenir à l'importance de renouveler notre manière de "comprendre" le monde, est-ce que cette dérive vers des techniques qui déstructurent le vivant ne provient pas d'une obsession de tout mettre en équations ? Je me souviens d'un débat que j'avais eu avec un chercheur de l'INRA[1], qui expliquait avec sincérité que son rôle était de "modéliser comment ça marche", quitte à ne pas savoir quoi préconiser tant qu'il n'avait pas tout mis en équations. Or, la plupart du temps, cet objectif est irréalisable, voire superflu. Tous les biologistes, naturalistes, agriculteurs et acteurs ruraux savent qu'une haie est bénéfique à la biodiversité, alors que personne n'est capable de décrire dans le détail la totalité des processus biologiques qui s'y déroulent. Ne suffit-il pas de savoir que les haies enrichissent la biodiversité pour décider d'en planter, sans attendre d'en connaître tous les mécanismes ? L'important n'est-il pas de considérer la haie en tant que système, avec des fonctions biologiques globales ?

P. R. : Absolument. De toute façon, la connaissance humaine est limitée, car l'être humain lui-même est limité. Il y a quelque chose d'incroyablement prétentieux à postuler que le cerveau humain soit à la mesure de l'univers, surtout lorsqu'on constate combien il est difficile de se connaître soi-même !

Nous voyons bien que nos comportements sont dictés par des pulsions et des réactions irrationnelles. Cela a naturellement un impact sur la manière dont nous appréhendons le monde, y compris à travers le prisme de la science, qui ne peut pas être produite indépendamment de nos limites. Il faut savoir l'accepter pour aller à l'essentiel et ne pas perdre de vue les grandes structures du monde vivant. Nous ne pourrons pas tout connaître, même si nous faisons des progrès dans la compréhension du monde phénoménologique et s'il faut bien sûr continuer à améliorer peu à peu cette compréhension.

En acceptant que notre savoir est limité, nous pouvons essayer d'organiser une belle vie. Cela peut paraître hors sujet, mais il est pourtant essentiel de retrouver le goût de l'émerveillement, car aucune activité humaine ne peut s'épanouir sans émerveillement. L'une des

---

[1]. INRA : Institut national de la recherche agronomique.

premières choses que disent les agriculteurs qui ont fait le virage de l'agroécologie ou de l'agriculture biologique, c'est qu'ils ont retrouvé le plaisir de leur métier. Ce n'est pas un luxe philosophique mais un ressort fondamental ! On ne va pas dire à un agriculteur : "Change de pratiques pour t'embêter encore plus." Le plaisir peut même servir de boussole à un agriculteur qui hésite entre plusieurs évolutions techniques. S'il reprend du plaisir à sélectionner ses plantes, à expérimenter l'agroforesterie, à observer la terre sans obéir aveuglément aux recommandations abstraites des conseillers de sa coopérative, à soigner ses animaux en étant capable de les reconnaître un par un, alors il sait qu'il avance dans la bonne direction. Il le sent en lui en retrouvant la joie et le sens de son métier.

Et s'intéresser à la beauté est une aptitude à part entière, qui rejoint ta question sur l'approche systémique. La beauté n'est pas réductible, elle doit être appréhendée comme une perception, et perd sa valeur si l'on cherche à l'analyser et l'expliquer. C'est la même démarche qui permet de comprendre les systèmes vivants, et ensuite d'agir en les respectant. C'est sans doute pour cela que les agriculteurs qui retrouvent le goût de la beauté sont ceux qui réussissent leur transition vers l'agroécologie. L'intelligence est d'abord dans cette compréhension holistique et ne doit pas être confondue avec les prouesses technologiques.

4. Des techniques à la mesure des paysans et des paysannes

JACQUES CAPLAT : Tu évoques notre goût pour les prouesses technologiques. Toute l'agriculture dite "conventionnelle" actuelle utilise des semences issues d'une sélection standardisée et centralisée, qui ont besoin d'engrais, de pesticides et d'irrigation pour bien fonctionner. Les OGM sont la forme la plus extrême de cette sélection industrielle. Est-ce compatible avec l'agroécologie que tu viens de dessiner ?

PIERRE RABHI : Lorsque j'apprends que la recherche publique française ou des multinationales prétendent pratiquer l'agroécologie avec des OGM, je suis révolté. Vraiment révolté. Je considère que les recherches sur les OGM sont un crime contre l'humanité, qui devrait être sanctionné. Ceux qui les produisent trafiquent le vivant et le dénaturent à des fins de sordide profit tout en refusant d'en endosser les conséquences, que devront assumer la nature et les êtres humains qui auront de moins en moins la capacité de répondre par eux-mêmes à leurs besoins légitimes de survie. Il y a quelque chose de pervers à imposer à des paysans pauvres d'acheter tous les ans des graines brevetées, alors que la nature est si prodigue en plantes adaptées ou pouvant s'adapter aux différentes conditions de culture.

Pendant dix mille ans, l'humanité a organisé et enrichi la biodiversité agricole, en prélevant dans le monde sauvage, en domestiquant les plantes et les animaux, en les adaptant à des conditions très variées et en créant un foisonnement de variétés végétales et de races animales. C'était là un travail merveilleux réalisé par des générations de paysans, et qui avait d'ailleurs le mérite de contrebalancer certains de nos travers. Ainsi, même lorsque des sociétés se faisaient la guerre, certains combattants rapportaient avec eux des plantes étranges qu'ils acclimataient, ce qui a permis de mutualiser peu à peu cette richesse agricole. La diversité des usages – alimentation mais également vêtements, habitat, soins, etc. – se combinait avec celle des systèmes agricoles et celle des goûts subjectifs de chaque société en matière de forme, de saveur, de précocité, d'odeur, de couleur, pour produire une infinité de solutions. Avec les semences, l'agriculture confirmait son caractère magique et magistral, comme l'art suprême sans lequel aucun autre art n'aurait pu advenir et perdurer.

Depuis un siècle, nous avons déjà perdu 60 % de cette biodiversité cultivée qui, transmise de père en fils et de mère en fille, permettait à l'humanité de vivre. Cette transmission a en effet été rompue et sabotée par la sélection industrielle des semences et des animaux, qui a dissocié les semences de leurs territoires et qui a rendu les agriculteurs dépendants d'achats annuels ou du moins réguliers. En effet, la réglementation limite la reproduction des semences à la ferme, et les semences "hybrides F1" dégénèrent de toute façon si l'agriculteur les ressème, ce qui l'oblige à en racheter tous les ans. Les OGM sont une étape de plus dans ce sabotage, et c'est une question extrêmement grave puisqu'elle touche à la survie humaine. Ce n'est pas un simple délit ordinaire, c'est une spoliation des droits élémentaires des paysans et des êtres humains à adapter leurs cultures à leurs milieux pour assurer leur vie à moyen et à long terme, c'est pourquoi je parle bien sciemment d'un crime. Ceux qui entrent en dissidence ou en résistance contre les OGM, en France, au Burkina Faso ou en Inde, sont dans une démarche de légitime défense pour refuser d'être subordonnés à des lois écrites par la cupidité de certains.

J. C. : Beaucoup d'institutions agricoles et d'acteurs économiques misent actuellement sur le *biocontrôle*, c'est-à-dire l'achat répété par les agriculteurs d'insectes prédateurs des parasites des cultures (par exemple des coccinelles pour réguler les pucerons). Même si cela représente un vrai progrès de remplacer l'achat annuel de pesticides chimiques par celui de boîtes d'insectes élevés hors-sol, est-ce que cette démarche n'illustre pas l'incompréhension de l'approche agroécologique véritable, qui consisterait d'abord à créer sur la ferme les conditions pour que ces insectes auxiliaires vivent directement sur place ?

P. R. : Depuis des millions d'années, la vie entretient la vie et n'a pas eu besoin des hommes pour se réguler. Les forêts n'avaient pas besoin que nous soyons là pour les cultiver. Nous ne nous sommes ajoutés que récemment dans ce processus, et nous pratiquons l'agriculture depuis un temps encore plus bref. Mais nous nous sommes octroyé le statut de "cerise sur le gâteau", et au lieu d'accepter de faire partie de la vie nous entrons en antagonisme avec elle. Nous sommes toujours prisonniers de ce réflexe de lutte "contre"... Il est urgent d'élargir la vision afin que les tenants et les aboutissants soient suffisamment perceptibles pour que nous puissions agir correctement. Intéressons-nous à la racine des problèmes que nous générons puis déplorons, plutôt que de leur substituer des remèdes ou des palliatifs. Une pullulation indésirable est toujours un signe de déséquilibre du milieu.

En agroécologie, nous visons à entretenir la terre et les milieux dans un état vivant et dynamique. Encore une fois, nous ne partageons pas la logique de ceux qui se contentent d'ancrer une plante dans un sol, c'est-à-dire un support inerte auquel il suffirait d'apporter des substances de synthèse. Les engrais solubles ont un effet osmotique puissant, qui explique qu'ils gavent la plante même lorsqu'elle n'en a pas besoin, au détriment des oligo-éléments libérés par les organismes du sol – sans compter qu'ils déstabilisent la vie de la terre et appauvrissent sa structure et son taux d'humus. La plante est déséquilibrée dans son alimentation et se retrouve affaiblie, parce qu'elle s'est développée dans une terre morte, ou en tout cas gérée comme si elle était morte.

Les insectes parasites et les maladies cryptogamiques sont une sorte de régulation de ce déséquilibre. J'aime bien les présenter comme les "flics de la nature". Ils s'en prennent aux plantes fragilisées, gorgées d'engrais solubles, dégénérescentes. Ces plantes sont en dysharmonie par rapport à la symphonie de la vie dont nous parlions tout à l'heure. Nos interventions humaines consistent souvent à introduire dans la partition une série de fausses notes!

La démarche de l'agroécologie ne peut pas consister à répondre aux fausses notes par d'autres fausses notes, telle une trompette qui claironnerait le plus fort possible pour dire aux autres musiciens de s'écarter. Apporter chaque année de nouveaux insectes de biocontrôle reviendrait à accepter et prolonger la dysharmonie, et ce ne peut pas être notre but, tout au plus une étape provisoire.

Si nous voulons éviter les parasites et les maladies, nous devons apprendre à recréer une terre vivante, à cultiver des plantes adaptées et à faire vivre un écosystème qui assure le lien entre les organismes qui le composent. Cette règle doit être appliquée à notre propre organisme. Par nos comportements erronés, nous suscitons certaines de nos maladies. Deux tiers des Occidentaux meurent de cancers ou de maladies cardiovasculaires. Ces pathologies en extension seraient à examiner en tenant compte de ce fait : qu'est-ce qui, dans nos choix et nos comportements, produit le déséquilibre qui mène à la maladie ?

La même dérive s'observe en effet en médecine et en agriculture, celle qui consiste à traiter le symptôme au lieu de chercher à comprendre la cause pathogène. Il y a bien sûr des avancées médicales qui sont incontestables, comme l'usage de la pénicilline ou les interventions chirurgicales, mais une grande partie des actes médicaux ignorent ou négligent les liens entre les causes et les effets à l'échelle de l'organisme et peut-être même de la société tout entière, par la relation entre les humains. Nous avons développé une médecine de la prescription, avec une approche mécaniste qui ne tient pas compte des relations physiologiques entre les organes du corps humain, ni des relations entre la psyché et la physiologie.

En médecine comme en agriculture, tout commence par la terre. Avec une terre malade, une eau polluée et un air pollué, ni l'agriculture ni les humains ne pourront être en bonne santé. Nous ne devons pas nous étonner du développement des pathologies, aussi bien chez les plantes ou les animaux domestiques que chez les humains. Nous mangeons des plantes carencées, qui ne peuvent plus entretenir la vitalité de notre organisme, et qui introduisent même des nuisances par les substances qu'elles renferment. La solution, comme en médecine, ne peut pas être dans l'inflation des produits et des interventions curatives. L'être humain est un tout, un écosystème agricole est un tout, ils doivent être abordés comme tels. La surspécialisation est ainsi une tendance de fond qu'il nous faut affronter, car elle est aussi néfaste à la recherche scientifique qu'aux pratiques agricoles. Un organisme vivant fonctionne de manière indivisible.

J. C. : L'agroécologie cherche donc d'abord à remettre en relation la nature, les sociétés humaines et les techniques agricoles. Comme les milieux naturels et les sociétés humaines sont extrêmement variables, n'est-elle pas davantage une démarche ouverte qu'un ensemble de techniques? Peut-il exister des techniques universelles qu'une multinationale de l'agroécologie pourrait vendre à tous les agriculteurs?

P. R. : La biosphère est une et indivisible de constitution, mais elle n'est pas homogène. La diversité des climats et des terres induit une diversité des cultures possibles, et surtout une quasi-infinité de combinaisons possibles entre êtres vivants. Attention, il ne faut pas confondre la diversité et la fragmentation. Ces terroirs divers ne sont cloisonnés que dans notre esprit, comme par exemple les frontières, causes de nombreuses violences. Ils sont en continuité avec l'ensemble de la planète et chacun forme une unité terre-plantes-animaux-humains.

Lorsque je lis des récits de voyageurs en Europe à l'époque de la Renaissance, par exemple, je découvre des descriptions de sociétés très différentes les unes des autres, chacune ayant sa langue, sa façon de construire ses maisons, sa façon de cultiver, sa façon de se vêtir, ses contes et légendes, ses habitudes sociales. Il s'agissait d'entités ayant organisé leur existence dans un dialogue permanent avec la nature et avec les ressources dont elles disposaient localement. Elles ne cherchaient pas à imiter le modèle du voisin, mais à assurer la meilleure cohérence possible de leur vie avec le monde qui les entourait, à utiliser au mieux ce que la nature leur prodiguait. Elles adaptaient leurs besoins et leurs techniques aux ressources dont elles disposaient. La diversité ne semblait pas provoquer la fragmentation que nous ressentons aujourd'hui.

L'approche idéologique réductionniste a ensuite conduit à standardiser les pratiques sociales, les bâtiments, et bien sûr l'agriculture. La standardisation peut être qualifiée d'exaction contre le génie créateur des humains dans la diversité de leurs situations. J'ai vécu cette standardisation et cet endoctrinement de façon intime, puisque j'étais un petit Saharien qui se retrouvait à réciter "mes ancêtres les Gaulois"! Cette idéologie très schématique a conduit non seulement à nier l'évidence, mais également à considérer le paysan comme archaïque, attardé, affublé de tous les termes négatifs. Il a alors été poussé à se mettre à jour de la modernité et à devenir un "exploitant agricole". Il ne faut pas être dupe des manœuvres perverses qui ont organisé cette dépréciation du paysan au profit de l'exploitant utilisant les outils standards de l'industrie agroalimentaire. Cela a même fait de lui un industriel de la terre, empereur examinant avec fierté les centaines d'hectares soumis à sa gouvernance absolue.

Nous devons prendre garde à ne pas envisager l'agroécologie comme une palette de techniques innovantes isolées les unes des autres. Elle n'est pas un "repas à la carte" universel où chacun prendrait quelques éléments tout en ignorant les autres, mais plutôt un "menu" global composé différemment selon les territoires. Un agriculteur qui expérimente l'agroforesterie tout en cultivant des plantes standardisées et en irriguant massivement, un autre qui cesse de labourer sa terre tout en l'aspergeant de pesticides chimiques sont sans doute dans une évolution positive mais sont encore très loin de l'agroécologie.

Le problème de l'agriculture actuelle est qu'elle spécialise. Elle propose des outils ou des techniques dédiés à tel ou tel élément du système : la protection des plantes, l'apport d'eau, l'alimentation des animaux, etc. Lorsque ces techniques proviennent de l'extérieur, comme c'est le cas avec le soja importé d'Amérique du Sud pour nourrir les élevages industriels, elles n'ont plus aucune cohérence avec les capacités de la région où les animaux sont élevés. Cette technique peut sembler universelle au premier regard puisque reproductible dans tous les élevages industriels, mais elle se révèle au bout du compte un leurre, pour ne pas dire une imposture. Elle s'impose au système agricole et le transforme arbitrairement, au lieu de s'adapter aux conditions réelles. De telles techniques s'extraient de la logique globale de la vie pour créer des chimères, qui sont à la fois en dehors de toute cohérence locale et impossibles à maîtriser réellement par les paysans à leur échelle.

Attention, la remise en cause de cette standardisation et de cette spécialisation ne doit pas empêcher d'expérimenter et de concevoir des *prototypes*. Chaque fois que l'on expérimente une technique, ou plutôt une méthode, il est intéressant d'essayer de la reproduire dans d'autres lieux et d'autres contextes, même si ça ne marche pas toujours. Ces prototypes, lorsqu'ils sont proposés avec humilité et adaptabilité, peuvent aider à avancer. C'est ainsi que j'avais imaginé la formule "un hectare, une famille, un habitat", ou les "oasis en tous lieux"[1]. Il fallait bien commencer et mettre l'idée à l'épreuve de la réalité, ce qui permet ensuite d'inspirer d'autres initiatives. La démarche est reproductible, mais bien sûr chaque fois en s'adaptant à chaque situation réelle.

Ce que proposent les multinationales est malheureusement très différent. Leur but est de fournir des produits standardisés et fabriqués à la chaîne, qui pourront être vendus de façon uniforme à travers le monde, car elles reconnaissent elles-mêmes que leur obsession est le profit. La standardisation est très dangereuse, alors que la diversité offre toujours un élément de recours. Si chaque région française cultive en fonction de son climat et de son histoire, nous sommes

---

[1]. Voir les précédents ouvrages de Pierre Rabhi. Le concept des "oasis en tous lieux" a été développé en 1995 au sein d'une association du même nom ; il est maintenant notamment porté par le mouvement Colibris.

assurés d'avoir chaque année des aliments disponibles quelque part, même en cas d'incident climatique. À l'inverse, si tous les agriculteurs pratiquent les mêmes cultures avec les mêmes variétés, nous sommes à la merci d'un incident qui se transformera en crise généralisée. L'arrivée récente en Europe d'une bactérie tueuse des oliviers illustre ce danger. Face à des cultures uniformes d'oliviers dans la région italienne des Pouilles, elle a réalisé des dégâts dramatiques. Seule une diversité de cultures et de techniques peut enrayer la propagation d'un tel ravageur et les désastres qui en résultent. La diversité est non seulement créative mais également protectrice.

Récemment, dans le Nord-Pas-de-Calais, une multinationale de l'alimentation rapide a prétendu fabriquer ses frites à partir d'un réseau de fermes de référence en agroécologie. Sans remettre en cause l'intention initiale de cette enseigne, il faut bien constater qu'il s'agissait en réalité d'exploitations industrielles produisant des pommes de terre standardisées, très mal adaptées à la région et nécessitant une irrigation importante et une protection par des pesticides chimiques. Tant que les circuits de distribution exigent d'être approvisionnés par des aliments standardisés et uniformes, ils induisent des pratiques agricoles qui sont à l'opposé de l'agroécologie, en particulier une irrigation qui pourrait facilement être évitée par l'emploi de variétés locales et adaptées. Lorsque ces pratiques se réfèrent à notre démarche, il y a alors une véritable tromperie dont le consommateur est la victime.

J. C. : Il me semble intéressant de revenir sur ta réflexion à propos de la dévalorisation des paysans depuis la Renaissance ou l'époque moderne[1]. Dans ton expérience et tes écrits, tu montres bien que le premier "savant" de l'agriculture est le paysan, c'est-à-dire l'agriculteur inscrit dans un pays qu'il respecte et aménage. Dans ces conditions, une recherche agronomique basée souvent sur des constructions intellectuelles et des parcelles expérimentales est-elle

---

[1]. En histoire, l'époque moderne est la période qui s'étend du XVIe au XVIIIe siècle.

réellement pertinente ? Les chercheurs ne devraient-ils pas (re)devenir des accoucheurs, mettant leur science au service des idées et des projets des paysans ?

P. R. : En effet, l'époque moderne, notamment autour des Lumières, s'est érigée comme le siècle de l'entendement, de *la* Vérité, et a considéré que tout ce qui n'entrait pas dans ce giron-là n'était qu'ignorance et archaïsme. Pourtant, le fait qu'un paysan ne transcrit pas dans le langage scientifique ce qu'il sait, et généralement ne l'écrit pas, n'implique nullement qu'il est ignorant. Si l'on dénombre les multiples connaissances que maîtrise un vrai paysan, les connaissances reliées à l'observation du milieu et aux expérimentations menées dans les champs, les savoirs formels et informels qu'il détient, on s'aperçoit qu'il est réellement savant. Ce sont d'ailleurs ces connaissances qui ont été nécessaires aux scientifiques pour survivre, car ils n'auraient pas su se nourrir sans elles. Les auteurs de l'Antiquité ou de l'âge d'or arabe[1] ne s'y trompaient pas en exaltant et admirant l'inventivité nourricière qui fonde toute civilisation.

L'idéologie scientifique moderne s'est octroyé le droit péremptoire de juger de ce qui est juste ou faux, non pas après vérification expérimentale mais *a priori*. Les observations et les innovations paysannes ont été disqualifiées sans qu'elles aient la possibilité d'être réellement confrontées aux travaux agronomiques hors-sol. Le problème de ce mépris envers les savoirs paysans, c'est qu'il est basé sur des critères restreints, déconnectés de la complexité du vivant. Il en résulte un quiproquo immense et une perte de richesse intellectuelle. La connaissance, en cette occurrence, naît et s'exerce en vase clos, artificiellement sécurisé, à l'abri des aléas et des subtilités induits par la complexité du vivant. En outre, l'autorité scientifique vient souvent confirmer de ses lumières des évidences multiséculaires savamment ignorées...

---

[1]. L'âge d'or arabe correspond environ à notre haut Moyen Âge.

Lorsque nous nous sommes installés en Ardèche, il y avait encore quelques paysans dans le hameau, dont un voisin viticulteur, arboriculteur, qui élevait également des moutons et qui cultivait son jardin. Comme j'étais débutant et que j'avais beaucoup à apprendre, j'allais souvent lui demander conseil. Sa première réaction avait été une grande surprise, me disant : "Comment ? Vous, vous êtes instruits. Nous, on est des ignorants. Pourquoi me demander, alors que vous savez beaucoup mieux que nous ?" J'ai eu toutes les peines du monde à le convaincre de m'enseigner ce qu'il savait. Il niait son propre savoir et s'excusait d'avance en me prévenant qu'il allait peut-être me dire des bêtises.

C'est peut-être une richesse plus facile à réactiver au sein des paysanneries traditionnelles, notamment parce que les cultures orales sont plus évolutives et moins profondément conditionnées. Dans nos actions à Gorom-Gorom, nous ne cherchions surtout pas à apporter des solutions toutes faites, mais avant tout à libérer la parole paysanne pour inciter les Burkinabés à élaborer leurs propres solutions. Après les avoir mis en confiance, nous leur demandions de se souvenir de l'état du milieu au temps de leurs parents et de leurs grands-parents, de se remémorer les techniques utilisées à l'époque passée et d'envisager les évolutions récentes.

En redonnant au paysan la responsabilité d'observer le vivant et de chercher des pratiques harmonieuses avec les dynamiques naturelles, l'agroécologie lui restitue son rôle de chercheur et d'inventeur. S'il cesse de considérer ses vaches comme des machines biologiques impersonnelles ou ses champs comme des substrats chimiques et si, au contraire, il soigne sa terre, ses plantes et ses animaux en étant attentif et en aspirant en permanence à la meilleure cohérence possible, l'agriculteur apprend à voir, à imaginer, à tester des idées, à innover. Comme tu le suggères, il pourra être enrichi par le regard d'un scientifique institutionnel, à condition que celui-ci se mette au service des paysans. Cela n'est pas anodin, car "se mettre au service" implique une option morale de générosité, qui est à l'opposé de la posture de l'accaparement des savoirs pour son propre compte. La situation est même souvent complexe, puisque certains chercheurs croient sincèrement travailler pour le bien commun, alors même qu'ils trahissent le vivant. Faire évoluer leurs pratiques implique de contrarier leur conditionnement.

Paradoxalement, même certains chercheurs qui croient préconiser aujourd'hui l'agroécologie continuent à se voir comme des prescripteurs qui transmettent le savoir à des ignorants. Les mêmes qui ont longtemps incité à l'agrandissement, au labour profond par des charrues gigantesques, dites défonceuses, qui creusaient des sillons dans lesquels un petit homme comme moi pouvait presque disparaître, parlent maintenant de non-labour et d'agroécologie. Mais ils oublient que les techniques innovantes sont d'abord issues de paysans audacieux et qu'il faudrait apprendre à s'appuyer sur eux en les valorisant et en leur donnant les moyens de continuer à créer. Car eux ne sont pas dans des situations abstraites avec des acteurs bien rémunérés, mais au cœur de la réalité tangible dont leur vie dépend de la façon la plus rigoureuse.

Nous devons prendre garde à ne pas laisser les outils prendre le pouvoir. C'est l'un des grands problèmes de la société actuelle, où nos modes de vie continuent à se réorganiser autour des technologies et à en devenir par conséquent totalement dépendants. Il en est de même pour l'agriculture, qui dépend de plus en plus du pétrole, des engrais, des pesticides et de l'irrigation pour produire des matières commercialisables. Une recherche agroécologique devra stimuler les techniques maîtrisables directement par les agriculteurs, de façon à desserrer le nœud coulant que le business et la science positiviste leur ont passé autour du cou.

5. Valoriser les ressources naturelles et humaines

Jacques Caplat : Les agriculteurs conventionnels se placent souvent sur la défensive, et certains syndicats dénoncent régulièrement, et parfois violemment, les tentatives de la société pour "verdir" l'agriculture. Mais y a-t-il encore un sens à parler de "contraintes environnementales"? Les règles collectives de protection de l'eau, des sols, des animaux ou de l'air, qui répondent aux nécessités vitales dont tu as dressé le tableau, ne sont-elles pas finalement des chances, des facteurs de production, des alliées des paysans?

Pierre Rabhi : Il est urgent de cesser d'entretenir un rapport de forces avec la nature, et d'apprendre au contraire à se mettre à son écoute. Je n'ai jamais vraiment compris pourquoi certains agriculteurs considèrent les écologistes comme des adversaires qui placeraient des obstacles devant leur instinct de "guerriers de l'agriculture". Je me demande si ce quiproquo psychologique n'est pas un héritage de l'ancienne humiliation des paysans, qui croient prendre leur revanche aujourd'hui en tant qu'exploitants agricoles. Ils profitent de leur puissance actuelle et s'arc-boutent sur des principes dépassés, sans être conscients de l'aliénation dans laquelle ils se laissent piéger eux-mêmes. Le fort taux de suicide chez les agriculteurs n'est pas anodin et témoigne sans doute de leur tension et de leur soumission. On déplore un suicide tous les deux jours chez les agriculteurs français, ce qui en fait la troisième cause de mortalité dans la profession. Aujourd'hui, les exploitants servent d'abord à enrichir les banques, les marchands d'engrais, de pesticides, de matériel et d'aliments du bétail, tout en s'appauvrissant eux-mêmes. Le paradoxe est qu'en croyant être devenus modernes, ils ont accepté de nouveaux maîtres et se sont replacés dans une situation de servage. Et lorsqu'ils attaquent les écologistes, ils rendent en réalité service à leurs despotes et s'affaiblissent encore un peu plus eux-mêmes.

Bien sûr, il n'est pas simple pour un agriculteur de prendre du recul sur cette situation et de s'engager dans d'autres approches, et la transition est souvent longue. Ma critique à l'égard de cette condition m'est surtout inspirée par l'affection que j'éprouve pour ce métier et ses acteurs. Je ne les juge pas, mais je souhaite reconnaître le malentendu dont ils sont les premières victimes.

En se tournant vers l'agroécologie, l'agriculteur se libère à la fois de l'aliénation technique qui lui faisait détruire la nature et de l'aliénation économique et politique qui lui vient de l'agro-industrie. Reconnaître la valeur imprescriptible du vivant implique de se détacher des liens économiques qui parasitaient les choix et les pratiques. En comprenant que l'environnement est une richesse, le paysan découvre un fantastique allié et ouvre son horizon. Il apprend à éprouver de la gratitude pour ce que la terre, les plantes et les animaux lui donnent – et la gratitude impose en retour le respect et la modération.

J'ai eu moi-même à résister à l'aliénation que je dénonce. Lorsque Michèle, ma compagne, et moi nous sommes installés avec notre élevage de chèvres, les coopératives et les banques nous incitaient à nous concentrer sur la production de lait, sans le transformer nous-mêmes, et proposaient de nous l'acheter directement. Leur deuxième offensive était de nous dire : "Avec l'espace dont vous disposez, vous pourriez avoir le double d'animaux." Nous avons refusé et décidé de nous limiter à trente chèvres, car c'était le nombre qui permettait d'être en équilibre avec le milieu. Comme je le disais tout à l'heure, notre relation avec le milieu, avec nos chèvres et avec nos clients constituait un véritable art de vivre.

Le drame de l'exploitant agricole est qu'il est presque entièrement voué à la productivité comme à une mission sacrée. On lui demande du tonnage, alors même que ça ne suffit parfois plus à le nourrir. Dans certains cas, sa production est considérée comme surplus et détruite avant d'être consommée. Il devient lui-même l'animal à plumer, et il se laisse prendre dans une compétition aux hectares où la puissance du tracteur devient emblématique. Ce comportement ne peut être qualifié de rationnel, car il se fonde également sur des représentations mentales de toute-puissance, de prospérité et de réussite.

J. C. : Notre civilisation se retrouve progressivement confrontée à une question qu'elle avait totalement occultée depuis la révolution industrielle, celle de l'épuisement des ressources. Quels sont les apports de l'agroécologie sur ce sujet?

P. R. : Le constat que tu exprimes est absolument central parce que, hélas, trop réel. Le paradoxe actuel est que l'agriculture épuise des ressources rares tout en négligeant des ressources pérennes. Pourquoi chercher la mécanisation à tout prix alors que la main-d'œuvre abonde et ne demande qu'à être employée et rémunérée ? L'amélioration des conditions de travail est souvent un leurre, la plupart des outils surdimensionnés qui sont proposés aujourd'hui n'apportant pas réellement de gain sur ce plan ; dans bien des régions de la planète, y compris en Europe de l'Est, l'histoire a prouvé que la culture attelée suffit souvent à assurer une productivité très satisfaisante. Pourquoi siphonner des nappes phréatiques ou détruire des biotopes pour irriguer massivement des cultures inadaptées aux nouveaux climats, alors que le génie paysan a prouvé depuis dix mille ans qu'il est possible d'adapter les plantes aux milieux et aux techniques? Pourquoi détruire l'humus présent dans les terres puis tenter maladroitement de compenser sa disparition par l'apport de phosphate d'origine minière ou d'azote issu du pétrole, alors qu'une terre correctement couverte et soignée peut assurer elle-même le renouvellement de sa fertilité?

Ce recours aux ressources non renouvelables est sans doute l'une des sources des inégalités de plus en plus intolérables. Au lieu de partager les richesses que la terre et le soleil nous prodiguent, nous sommes engagés dans une compétition avide : chacun cherche à s'approprier la part le plus importante possible de ces ressources limitées. La rareté provoque l'accaparement, donc les inégalités. Cette logique peut être observée actuellement dans la manière dont les industries semencières cherchent à maîtriser intégralement les échanges de semences – y compris les échanges gratuits de gré à gré – ou dans la stratégie de nombreuses multinationales pour accaparer les terres agricoles ou minières des pays les plus pauvres, quitte à en expulser violemment et cyniquement les populations autochtones. Cette prédation suscite bien des discours "compassionnels" et des actions charitables en compensation, dont le sac de riz est devenu la meilleure représentation symbolique. La générosité du prédateur est aujourd'hui fixée dans les esprits et permet de poursuivre la malfaisance de l'homme contre l'humain en toute légalité. Cela se banalise, comme par exemple la subordination universelle de la femme en tous lieux de la planète.

Notre société et notre agriculture sont victimes de boulimie. Nous voulons sans cesse "plus". Nous recherchons une orgie de superflu sans même prendre soin d'assurer l'essentiel à tout le monde. Chaque fois que nous passons un palier, nous restons insatisfaits et nous cherchons à aller encore plus haut, sans jamais être rassasiés. À l'inverse, la sobriété est libératrice ! En acceptant de ménager l'espace dont nous disposons, de nous ajuster au potentiel de la terre, d'utiliser avec bienveillance les ressources naturelles et humaines, nous retrouvons une vraie joie et un vrai épanouissement. Avidité permanente et joie de vivre sont totalement incompatibles.

J. C. : Face aux dérèglements climatiques, de plus en plus d'agriculteurs revendiquent un "besoin" d'eau et exigent la construction de barrages. Sans remettre en cause l'intérêt d'une irrigation raisonnable pour certaines cultures, cette exigence systématique n'est-elle pas une négation de la démarche que tu défends ? Avant de prendre l'eau dans des écosystèmes naturels, ne faut-il pas redonner aux sols agricoles les moyens de la stocker dans leur humus, et aux plantes la possibilité de s'adapter aux milieux réels ?

P. R. : C'est une question à laquelle j'ai été fortement confronté dans mon travail à Gorom-Gorom, au Burkina Faso. Cette région fait face à un élargissement de la bande sahélienne, au détriment de la savane arborée qui prolonge la zone tropicale. Les humains sont hélas directement en cause dans cette désertification, du fait de trois pratiques ancestrales négatives : l'excès d'animaux qui épuisent les ressources végétales, la coupe des arbres pour alimenter les villes, de plus en plus monstrueuses, en combustible, et l'usage des brûlis pour défricher les terrains avant la mise en culture ou la construction. Tout ce qui est ancien n'est pas forcément positif, puisque ces trois pratiques sont réellement désastreuses et ne sont plus tenables dans le contexte démographique et climatique actuel. Cette situation est aggravée par les sols dénudés, liés au déboisement et aux monocultures modernes. Ce dénudement provoque deux effets pernicieux. Le premier est que le sol n'est plus fixé et, lorsque l'eau tombe violemment – car les pluies sont extrêmement violentes sous ces climats –, elle emporte la terre. C'est un spectacle affligeant mais impressionnant de voir la couleur des cours d'eau après les orages, chargés de terre rouge. Le deuxième effet est qu'un sol dénudé possède un albédo très élevé, ce qui signifie que le soleil et la chaleur sont réverbérés et remontent vers les hautes couches de l'atmosphère. Ce mouvement ascendant empêche la condensation et conduit à la raréfaction des pluies, puisque les nuages ne se déchargent plus. Il y a alors création d'un cercle vicieux, car là où l'albédo est moins élevé et où les nuages vont pouvoir se décharger, la pluie devient encore plus violente et emporte davantage de sol, contribuant à élargir la zone appauvrie puis dénudée.

Notre intervention agroécologique a consisté d'abord à installer des diguettes ou des demi-lunes, dont le rôle n'est pas de retenir des masses d'eau stagnante comme les barrages européens, mais plus exactement de permettre à l'eau de s'infiltrer dans les sols plutôt que de ruisseler. Le premier acte agricole pour lutter contre la sécheresse est en effet de permettre à l'eau de s'infiltrer et d'être stockée dans les sols eux-mêmes ou dans les nappes phréatiques. Dans certaines régions du Sahel, nous avons même réussi à recharger des nappes phréatiques. Il est ensuite possible de reboiser et de couvrir les sols par des cultures variées et adaptées, comme je l'ai décrit dans mon ouvrage *L'Offrande au crépuscule*.

Cette expérience doit nous inspirer dans nos pratiques en Europe. Les plantes doivent cesser d'être sélectionnées dans des conditions artificielles qui imposent le recours à l'irrigation. Comme je l'ai dit plus tôt, il faut réhabiliter des variétés diverses et adaptées aux différentes conditions climatiques, en les laissant évoluer en même temps que le milieu. Les pratiques agroécologiques visent ensuite à recréer une richesse racinaire, à protéger la vie du sol et à améliorer le taux d'humus, toutes caractéristiques qui permettent à la terre de stocker l'eau et de l'aider à s'infiltrer. Bien entendu, il faut également couvrir le sol au maximum. C'est seulement une fois que ces bases ont été restaurées qu'une irrigation parcimonieuse peut être envisagée ; le goutte-à-goutte est une bonne pratique, en utilisant prioritairement de l'eau "perdue", par exemple celle qui ruisselle sur les toits des maisons. Je suis moi-même praticien de cette solution et j'en suis très satisfait.

J. C. : Que penses-tu du discours classique qui invoque la "vocation exportatrice" de l'agriculture française, qui serait là pour nourrir le monde et dont les travers se justifieraient par une prétendue générosité internationale ?

P. R. : "Produire et consommer localement" devrait être un mot d'ordre universel. Chaque peuple doit, légitimement, assurer sa propre survie par lui-même et sur son territoire, et non pas en dépendant de qui que ce soit. Le malheur de l'Algérie, à titre d'exemple, est que ce pays a construit toute son économie sur la manne pétrolière et qu'il doit importer, selon les chiffres qui m'ont été donnés, 75 % de son alimentation, alors qu'il possédait une agriculture riche et exportatrice, et qu'il aurait pu développer une production vivrière performante. Certains Algériens s'amusent d'ailleurs à dire qu'en matière agricole, ils ne sont pas dans une logique import-export, mais "import-import". C'est un sujet extrêmement préoccupant, qui ne peut pas être délégué à des sociétés éloignées et à des intérêts économiques privés. Plus l'agriculture est à portée de notre main, plus nous sommes libres et maîtres de notre destin.

Cette conviction est telle que je continue d'ailleurs à faire mon jardin, alors que je pourrais acheter toute ma nourriture à l'extérieur si je le voulais, même intégralement bio et de haute qualité. Jardiner est pour moi un acte politique, un acte de résistance à une logique alimentaire pernicieuse. Si l'on n'y prend garde, la stratégie de mise en dépendance alimentaire des peuples offrira aux pouvoirs malfaisants une domination absolue sur la condition humaine. L'autonomie est une façon, pour un individu, de reprendre sa souveraineté sur son existence biologique, de sortir de la dépendance vis-à-vis des multinationales. C'est un véritable pouvoir, à la portée de chacun.

Il en est de même à l'échelle des sociétés, qui doivent construire leur propre souveraineté alimentaire. Prétendre les nourrir à leur place en invoquant l'apitoiement et l'humanitaire, c'est leur causer un grand préjudice. Je distingue absolument l'humanitaire, qui est un assistanat malsain – à l'exception bien sûr des interventions ponctuelles d'urgence que je ne remets pas en cause –, et l'humanisme, qui consiste à considérer son prochain avec bienveillance et à l'aider à devenir autonome. Avec l'agroécologie, les communautés rurales du Sud peuvent parfaitement assurer l'alimentation de leurs pays, comme je vais le préciser dans un instant. De leur côté, les éleveurs occidentaux vivraient aussi bien en cessant de produire à l'excès et en réadaptant le nombre d'animaux aux surfaces disponibles pour les alimenter, tout en incitant les consommateurs à réduire leur recours aux protéines animales en équilibrant mieux leur alimentation. Nous n'avons pas besoin que les exploitations céréalières spéculent sur les marchés internationaux pour maintenir quelques pays en situation de dépendance ; les surfaces céréalières françaises sont amplement suffisantes pour assurer notre subsistance tout en dégageant quelques surplus ponctuels de sécurité. Nul besoin pour cela de produits chimiques, de charrues monstrueuses ou de concentration industrielle. Le discours exportateur est un prétexte fallacieux et nocif.

Qu'il soit bien clair que je ne préconise pas un repli sur soi, pas plus que je ne cherchais à m'enfermer en m'installant en Ardèche ! Des échanges alimentaires sont possibles pour des produits qui ne sont pas de première nécessité, et qui peuvent relever d'un enrichissement mutuel consciemment consenti entre sociétés autonomes. Cela serait à l'exact opposé du commerce agricole international actuel. Avons-nous demandé aux Maliens ou aux Indiens s'ils souhaitaient remplacer leurs traditions alimentaires par du pain, du riz ou des spaghettis dépendant d'exportations de céréales françaises, asiatiques ou nord-américaines ? Les céréales raffinées sont devenues symbole de prospérité et indice du niveau de modernité des peuples qui se vivent comme attardés et archaïques. Par ailleurs, le pain blanc, même en Occident, a représenté la sortie d'une ère surannée, prisonnière des brumes de l'ignorance. Ces clichés nocifs sont hélas profondément enracinés.

J. C. : L'agroécologie peut donc suffire à nourrir l'Europe d'une part, et l'humanité d'autre part ?

P. R. : Sans le moindre doute, et cette affirmation n'est pas de l'expert aux mains lisses, mais du praticien aux mains calleuses qui en a fait l'expérience. Pour ce qui est des pays du Sud, c'est une évidence qui est confirmée par les rapports internationaux. En valorisant la main-d'œuvre au lieu de recourir à des énergies fossiles de plus en plus chères, en évitant l'achat d'engrais et de pesticides, en utilisant les semences et les races locales ou adaptées, l'agroécologie évite aux paysans de s'endetter et leur permet de réaliser des économies substantielles, tout en améliorant la fertilité des sols à long terme, donc la production alimentaire. Le Programme des Nations unies pour l'environnement avait étudié en 2008 les résultats de près de deux millions de fermes à travers l'Afrique, et montré que le choix de l'agriculture biologique conduisait à plus que doubler les rendements. Plus récemment, le rapport d'Olivier De Schutter[1] en 2011 a fait la synthèse de nombreuses études et confirme fermement que l'agroécologie est la meilleure voie pour nourrir l'humanité.

En Europe, l'agroécologie est en réalité la démarche la plus accessible aux petits paysans. Elle pourrait par exemple éviter l'effacement programmé de la paysannerie des pays de l'Est ou l'agrandissement désastreux des exploitations françaises. L'ampleur du gaspillage alimentaire prouve à quel point les niveaux de production atteints par l'agriculture actuelle sont disproportionnés, et combien les objectifs raisonnables et pragmatiques de l'agroécologie sont bien plus en adéquation avec nos besoins réels.

Il faut bien reconnaître que l'évolution des grandes exploitations actuelles vers des systèmes agroécologiques demandera une forte volonté politique et un vrai programme de désindustrialisation de l'agriculture, avec le courage de ne pas céder aux mirages du productivisme, des OGM, du réductionnisme agronomique, etc. Je suis conscient que ceux qui ont asservi l'agriculture française à leur profit vont essayer de dévoyer la notion d'agroécologie pour en supprimer tout ce qui les met en danger, c'est-à-dire tout ce qui en fait le sens ! Mais je reste optimiste, et j'espère que la reconnaissance actuelle de notre approche va aider les paysans les plus modestes, comme les jardiniers en tous genres producteurs d'une agriculture

---

[1]. Olivier De Schutter était alors "rapporteur spécial des Nations unies pour le droit à l'alimentation", auprès du Conseil des droits de l'homme.

domestique, à renouer avec la terre, l'environnement et les animaux pour refonder leur pratiques. À moyen terme, nous pouvons inverser les flux démographiques et redonner à de nombreux citadins l'envie et les moyens de s'installer paysans, car l'agroécologie peut également créer de nombreux emplois. Il est absolument évident que la suite de l'histoire humaine devra être pensée hors des critères qui l'ont déterminée jusqu'à présent. Le chaos à l'échelle planétaire invite les imaginations à être extrêmement performantes pour sortir du marasme. Cela est avant tout subordonné à une vision pertinente, une vision biocentrée.

Quoi qu'il en soit, notre planète Terre recèle toutes les ressources nécessaires pour que l'humanité ne manque de rien de ce qui lui est indispensable, particulièrement sur le plan alimentaire. Malheureusement, nos sociétés modernes dissipent les trésors vivants, font une consommation excessive de protéines animales et exaltent la compétition et l'iniquité. Avant de parler de techniques agricoles ou de démographie, nous devons transformer nos comportements. Même invoquer l'explosion démographique est une façon de nier notre propre responsabilité. Il est assez indécent d'accuser les humains qui souffrent de la faim d'être fautifs parce qu'ils sont nés, alors que leur indigence n'est que le résultat de l'avidité d'une minorité.

Par ailleurs, la question alimentaire ne doit pas être réduite à une question de quantité. La qualité de l'alimentation est tout aussi cruciale, et c'est un domaine où je pense que plus grand monde n'ose nier le bénéfice de l'agroécologie. En supprimant les engrais chimiques et les pesticides de synthèse, nous permettons aux plantes de restaurer leur absorption active des oligo-éléments complexes qui se trouvent dans la terre, au lieu de se contenter d'une absorption sommaire des engrais chimiques qui la gavent et la déséquilibrent. Les plantes que nous obtenons sont plus riches en oligo-éléments, en sels minéraux, en antioxydants, etc., ce qui assure une qualité alimentaire très supérieure à celle des produits de l'agriculture industrielle. Comme je l'ai déjà dit, c'est un aspect primordial pour assurer notre bonne santé. Et c'est de toute manière la garantie d'une alimentation plus riche et plus efficace. Cet aspect est d'ailleurs reconnu par les études des Nations unies concernant le problème de la faim dans le monde, qui définissent quatre facteurs de sécurité alimentaire : la disponibilité, l'accès à la nourriture, la qualité de l'alimentation et la résilience.

6. Transformer la société et les territoires

JACQUES CAPLAT : La notion de souveraineté alimentaire renvoie aux relations à renouveler entre sociétés et territoires. Ce que tu préconises est une forme de révolution mentale. En quoi l'agriculture peut-elle être un moteur dans cette prise de conscience ?

PIERRE RABHI : Notre société a plus que jamais intérêt à éviter la concentration urbaine et à réinvestir les espaces ruraux, ne serait-ce que pour retrouver une capacité à faire face aux changements climatiques et écologiques à venir. Cela devient tellement vital que j'aime parler du "recours à la terre" plutôt que du "retour à la terre". Ce n'est pas une vue de l'esprit, mais un constat très pragmatique, basé sur l'expérience des pays en crise ! Que s'est-il passé lorsque Cuba, déjà sous embargo américain, s'est retrouvée privée des ressources chimiques et minières de l'Union soviétique au tournant des années 1990 ? L'île a découvert qu'elle disposait de richesses agricoles inouïes, ainsi que de ressources humaines et intellectuelles inattendues. En étant remise en face de sa propre créativité et de son propre espace naturel, la société cubaine a su faire évoluer son agriculture en une décennie et développer massivement l'agroécologie. Ce doit être aujourd'hui le pays ayant officiellement le plus grand pourcentage de cultures biologiques. La crise grecque a suscité une évolution comparable. Depuis quelques années, un très grand nombre de chômeurs grecs ont quitté les villes pour retourner cultiver de petits lopins de terre, élever quelques animaux et dégager de quoi vivre à partir des ressources directement disponibles sur leur territoire.

L'une des urgences de notre temps est de réduire la dépendance au pétrole. Il y a quelques décennies, Ivan Illich avait montré que le temps passé à payer le coût des voitures, en comptant l'ensemble de la chaîne depuis l'extraction des minerais jusqu'à la fabrication des voitures et à l'achat de carburant, était supérieur au temps que ces mêmes voitures nous font gagner[1] ! D'une certaine façon, pour un grand nombre de Français, il serait plus rentable de se déplacer à pied et de travailler à temps partiel que de travailler à plein temps pour payer le temps gagné en voiture. La même aberration se retrouve en agriculture. Dans une partie des systèmes agricoles, notamment l'élevage industriel, l'énergie fossile consommée pour produire les aliments est supérieure à l'énergie que nous transmettent les aliments en bout de course. On marche sur la tête.

Enfin, il faut revenir à une conscience tangible du temps et de l'espace. La mécanisation excessive nous a émancipés de la perception du temps et a construit des modèles d'une grande présomption et d'une extrême fragilité. De la même manière, l'agriculture actuelle n'a plus aucune cohérence avec son espace et doit importer de l'autre bout de la planète des aliments pour des élevages surdimensionnés. Un élevage bovin à l'herbe va utiliser simplement les ressources disponibles dans un espace cohérent autour de la ferme, en rapport avec le temps dont disposent les animaux pour le parcourir. Mais des animaux nourris par des céréales et des protéagineux sont obligés de détourner des surfaces considérables qui auraient pu servir à l'alimentation humaine, puisqu'il faut alors environ dix kilos de protéines végétales pour produire un kilo de viande bovine. Or ce recours à des aliments importés depuis d'autres territoires

---

1. Ivan Illich, *Énergie et équité*, Seuil, 1975.

est intimement lié au gigantisme des élevages, puisqu'ils sont bien entendu incapables d'assurer eux-mêmes l'alimentation du troupeau à partir des ressources accessibles dans le temps objectif de l'animal. La société elle-même, en se concentrant dans des villes de plus en plus peuplées, est dans une dépendance absolue vis-à-vis des camions qui transportent la nourriture.

Par exemple, la région Île-de-France était une grande région agricole, et il est crucial de sauvegarder et réhabiliter un maximum de surfaces agricoles productives en périphérie des centres urbains. Je ne suis pas convaincu que l'agriculture puisse vraiment s'épanouir dans les villes et répondre aux besoins alimentaires quantitatifs, mais elle peut sans doute y trouver une place. Pour les gens qui sont concentrés en ville, l'agriculture urbaine peut être un premier palier pour renouer avec une réalité qu'ils ignoraient. Ensemencer, cultiver, comprendre les rythmes des saisons peut jouer un rôle pédagogique important et aider à bousculer l'organisation des espaces. Se préparer en ville à l'exode obligatoire vers les campagnes est nécessaire. Croire que la ville puisse se substituer à la campagne est une chimère. Une politique intelligente et consciente de la nécessité absolue de repenser le rapport ville-campagne est vraiment souhaitable. Mais le politique incarcéré dans une logique urbaine hors de laquelle il n'y aurait pas de salut est-il en mesure d'élargir sa vision à une échelle globale ?

J. C. : Beaucoup d'organisations agricoles, parfois très éloignées de l'agroécologie, font l'apologie du "local". Mais si les aliments locaux sont produits en polluant les eaux, en détruisant les sols et la biodiversité, en utilisant des engrais grands consommateurs de pétrole, peuvent-ils encore réellement se targuer d'un lien avec leur territoire ?

P. R. : Non, bien sûr. De telles pratiques agricoles divisent le rapport au territoire, elles ne permettent pas de l'habiter réellement. On se contente alors d'être posé dessus sans aucune relation avec lui. Le territoire est par ailleurs une notion autant concrète qu'abstraite ; en fragmentant l'appréhension mentale des espaces de vie, on s'oppose les uns aux autres, dans une logique qui peut renvoyer au chauvinisme.

Ce clivage est le reflet d'un problème plus grave qui se situe en nous-mêmes, et qui se retrouve dans la subordination permanente du féminin au masculin. C'est un sujet très important qui concerne également l'agriculture, où le statut des femmes est souvent négligé malgré leur apport considérable. Lutter pour l'égalité homme-femme et contre la dualité doit être une préoccupation essentielle. Au-delà, l'éducation des enfants dans la compétition plutôt que dans la coopération conduit à banaliser cette vision du monde et crée de l'angoisse, qui mène à la violence.

Je suis heureux de voir que de plus en plus d'institutions internationales, d'hommes politiques ou de responsables syndicaux semblent désormais reconnaître l'intérêt de l'agroécologie. Mais les mêmes jonglent souvent entre "agroécologie" et "industrialisation", considérant la deuxième comme inévitable, voire souhaitable. Je récuse totalement cette approche, qui supposerait que l'on pourrait pratiquer de la monoculture dans des espaces immenses et dénudés consacrés à une culture unique ou presque. Et je ne parle même pas des élevages industriels qui sont tout simplement intolérables. C'est le résultat d'une désacralisation de la vie, qui a réduit l'animal à une masse de protéines qu'on fait souffrir au-delà du supportable. On ne peut pas défendre cette agriculture tout en parlant de bio ou d'agroécologie.

Nous devons, au contraire, remettre en symbiose les différents éléments qui constituent une biodiversité dynamique. Dans ce système, l'être humain joue un rôle d'intendant. Dans des espaces sans humains, la biodiversité s'organise d'elle-même ; dès lors que nous décidons d'intervenir et de créer un nouveau milieu de vie très particulier, le milieu agricole, nous devons l'harmoniser en composant de petites symphonies, en apportant la diversité d'éléments vivants nécessaires à sa pérennité évolutive.

J. C. : En France comme en Afrique, de plus en plus d'initiatives prometteuses sont directement issues de la société civile, en dehors des organisations traditionnelles de l'État ou de l'économie libérale. L'agroécologie s'insère particulièrement bien dans cette nouvelle dynamique. Mais, en fin de compte, n'est-ce pas une nécessité plus encore qu'une évidence ? N'est-elle pas fondamentalement issue d'une logique décentralisée, voire autogestionnaire ?

P. R. : L'agroécologie n'est pas compatible avec la centralisation et l'uniformisation. C'est un constat qui devrait couler de source, si j'ose dire, puisque le principe même de l'agroécologie est de jaillir de situations précises et diverses. Chaque combinaison de terres, de végétations, d'histoires écologiques et agricoles, de génies humains, produira une solution particulière. Je rappelais précédemment l'importance de replacer l'acte agricole dans une cohérence avec la symphonie de la nature. Or, cette cohérence ne peut pas être décidée d'en haut ! Elle est une adaptation permanente, qui s'enracine dans l'inventivité des habitants d'un territoire.

Il nous faut redécouvrir et réhabiliter la puissance créatrice de la société civile, ce que j'ai appelé son "génie créateur". Je ne prétends pas que tous les décideurs politiques ou économiques soient cyniques ou dépassés, il en est qui embrassent leur fonction ou leur activité avec sincérité et passion. Mais nous devons bien admettre que leurs actions sont aujourd'hui presque toujours inefficaces, ou du moins pas à la hauteur des enjeux que l'humanité doit relever dans les décennies qui viennent, sous peine d'effondrement général. Face à l'inertie des États et des financiers, face à des institutions corsetées, les citoyens recèlent une richesse intellectuelle et humaine qui peut produire des merveilles. Je suis intimement persuadé que c'est d'eux que viendra la solution, ou les solutions. Une condition est cependant incontournable : le changement de société par le changement humain.

Cette innovation citoyenne, nous devons la susciter, la reconnaître et l'accompagner. C'est pour cette raison que la reconnaissance institutionnelle actuelle de l'agroécologie, tant par les pouvoirs publics français que par les institutions internationales, peut se révéler précieuse. Je ne suis pas dupe des volontés de récupération ou du double langage de certains, et il faut y prendre garde pour ne pas les laisser détourner un beau courant d'eau vive vers une mare obstruée. Mais, en reconnaissant l'agroécologie, ils justifient et valorisent le travail admirable de milliers de paysans et ils leur offrent l'énergie mentale nécessaire pour persévérer et amplifier leur œuvre.

Il reste à espérer que cette reconnaissance ne soit pas seulement une façade, et que les outils pourront être mis en place pour accompagner et stimuler cette innovation protéiforme. Une politique de soutien à l'agroécologie ne passe pas par de grands travaux ni par une simple reconversion des industries agroalimentaires vers des recettes à la mode. Elle passe d'abord par la suppression des entraves au génie paysan. Il faut restaurer le droit à l'échange de semences entre paysans et à la sélection adaptative dans les fermes, à l'utilisation de préparations naturelles pour soigner les plantes et les animaux, à l'installation sur de petites surfaces, etc. Il est ensuite crucial d'aider les projets atypiques à se financer et à trouver leur public. C'est une responsabilité collective, car un paysan n'est rien sans la société qui l'enveloppe, qui le soutient et qui lui achète ses produits. C'est souvent du bricolage que naissent les grandes inventions, il est donc essentiel de soutenir les bricoleurs sans les enfermer dans une injonction à obtenir un résultat ou un profit à court terme.

J'avais retrouvé cette démarche dans le Burkina Faso de Thomas Sankara. Il avait compris l'importance de donner directement la parole aux paysans et aux paysannes, de les émanciper de tous les intermédiaires qui prétendent habituellement parler en leur nom, et de les affranchir des produits chimiques coûteux et destructeurs. L'agroécologie doit poursuivre dans la même voie et réveiller chez les agriculteurs et les jardiniers l'envie d'observer, de créer en harmonie avec le vivant et de ne plus dépendre de prescripteurs agroalimentaires. C'est ainsi que nous ferons de chaque ferme une fontaine de savoirs et de créativité. Je suis conscient de la redondance de ces propos, mais la gravité extrême de notre conjoncture mérite le ressassement et la mobilisation de chacun sur ces enjeux dont dépend l'avenir de nos enfants. Il est à souhaiter que l'intelligence de la vie puisse enfin éclairer l'intelligence des humains.

DES MÊMES AUTEURS

JACQUES CAPLAT
Cultivons les alternatives aux pesticides, Le Passager clandestin, 2011.
L'Agriculture biologique pour nourrir l'humanité – Démonstration, Actes Sud, 2012.
Changeons d'agriculture – Réussir la transition, Actes Sud, 2014.

PIERRE RABHI
Du Sahara aux Cévennes ou la Reconquête du songe (prix Cabri d'or de l'Académie cévenole), Candide, 1983 ; rééd. *Du Sahara aux Cévennes : itinéraire d'un homme au service de la Terre-Mère*, Albin Michel, 1995 ; édition en format de poche, Albin Michel, 2002.
Le Gardien du feu : message de sagesse des peuples traditionnels, Candide, 1986 ; Albin Michel, 2003.
L'Offrande au crépuscule (prix des sciences sociales agricoles du ministère de l'Agriculture), Candide, 1988 ; L'Harmattan, 2001.
Le Recours à la terre, Terre du Ciel, 1995, 1999.
Parole de terre. Une initiation africaine (préface de Yehudi Menuhin), Albin Michel, 1996.
Graines de possibles. Regards croisés sur l'écologie (avec Nicolas Hulot), Calmann-Lévy, 2005 ; LGF n° 30553.
Conscience et Environnement. La symphonie de la vie, Le Relié, 2006, 2008, 2014.
La Part du colibri. L'espèce humaine face à son devenir, L'Aube, 2006, 2014.
Terre-Mère, homicide volontaire ? (avec Jacques-Olivier Durand), Le Navire en pleine ville, 2007.
Vivre relié à l'essentiel. Le XXIe siècle sera spirituel... ou ne sera pas !, Jouvence, 2007.
L'Homme entre terre et ciel. Nature, écologie et spiritualité, Jouvence, 2007.
Petits mondes de la forêt, Les Petites Vagues éditions, 2007.
Manifeste pour la Terre et l'Humanisme. Pour une insurrection des consciences, Actes Sud, 2008 ; Babel n° 1057.
Vers la sobriété heureuse, Actes Sud, 2010 ; Babel n° 1171.
Pierre Rabhi, un humaniste au service de la Terre-Mère, Albin Michel, 2010.
Éloge du génie créateur de la société civile, Actes Sud, 2011 ; Babel n° 1343.
Petit cahier d'exercices de tendresse pour la Terre et l'Humain, Jouvence, 2012.
Le Manuel des jardins agroécologiques, Actes Sud, 2012.
Pierre Rabhi, semeur d'espoirs (avec Olivier Le Naire), Actes Sud, 2013.
Le monde a-t-il un sens ? (avec Jean-Marie Pelt), Fayard, 2014.

Colibris est une ONG qui encourage une dynamique de créativité au sein de la société civile. Sa mission consiste à inspirer, relier et soutenir ceux qui veulent construire une société écologique et humaine.

Éducation, économie, agriculture, énergie, habitat…, l'association met en lumière les solutions les plus abouties dans chaque domaine et propose des outils concrets pour favoriser leur mise en œuvre sur des territoires. La méthode Colibris facilite la coopération entre citoyens, élus, entrepreneurs, et permet à chacun d'agir, individuellement ou collectivement, sur son lieu de vie.

Les Colibris, ce sont tous ces individus qui inventent, expérimentent, coopèrent concrètement pour bâtir des modèles de vie en commun respectueux de la nature et de l'être humain.

Fondée sous l'impulsion de Pierre Rabhi en 2007, Colibris appartient au réseau Terre & Humanisme, dont la vocation de chaque structure est d'encourager l'émergence et l'incarnation de nouveaux modèles de société par une politique en actes.

La collection "Domaine du possible", dans laquelle ce livre est édité, est le fruit d'une collaboration et d'une amitié entre Actes Sud et Colibris entamées en 2007.

Pour plus d'information : www.colibris-lemouvement.org

CATALOGUE DU DOMAINE DU POSSIBLE

ÉDUCATION
... Et je ne suis jamais allé à l'école, André Stern, 2011.
La Ferme des enfants, Sophie Bouquet-Rabhi, 2011.
Ces écoles qui rendent nos enfants heureux, Antonella Verdiani, 2012.
Enseigner à vivre, Edgar Morin, 2014.
L'École du Colibri, Isabelle Peloux et Anne Lamy, 2014.

ALIMENTATION
Manger local, Lionel Astruc et Cécile Cros, 2011.
Le Manuel de cuisine alternative, Gilles Daveau, 2014.
Plaisirs cuisinés ou poisons cachés, Gilles-Éric Séralini et Jérôme Douzelet, 2014.

AGRICULTURE
L'Agriculture biologique pour nourrir l'humanité, Jacques Caplat, 2012.
Le Manuel des jardins agroécologiques, préface de Pierre Rabhi, 2012.
Permaculture, Perrine et Charles Hervé-Gruyer, 2014.
Changeons d'agriculture, Jacques Caplat, 2014.

ÉCONOMIE
Le Syndrome du poisson lune, Emmanuel Druon, 2015.

ÉNERGIE
Manifeste Négawatt, Marc Jedliczka, Yves Marignac et Thierry Salomon, 2012.
Changeons d'énergies, Marc Jedliczka et Thierry Salomon, 2013.

INITIATIVES DE LA SOCIÉTÉ CIVILE
Éloge du génie créateur de la société civile, Pierre Rabhi, 2011.
(R)évolutions, Lionel Astruc, 2012.
Pierre Rabhi, semeur d'espoirs, Olivier Le Naire et Pierre Rabhi, 2013.
Vandana Shiva pour une désobéissance créatrice, Lionel Astruc, 2014.
Les Incroyables Comestibles, Pam Warhurst et Joanna Dobson, 2015.

ÉCOLOGIE ET BIODIVERSITÉ
Du bon usage des arbres, Francis Hallé, 2011.

Plaidoyer pour l'herboristerie, Thierry Thévenin, 2013.
La Biodiversité, une chance, Sandrine Bélier et Gilles Luneau, 2013.
Earthforce, capitaine Paul Watson, 2015.

NAISSANCE & PRÉPARATION À L'ACCOUCHEMENT
Mère et père en devenir, Esther Wiedmer, 2015.
Pour une grossesse et une naissance heureuses, Magali Dieux, Patrice Van Eersel et Benoît Le Goëdec, 2015.

Ouvrage réalisé
par l'Atelier graphique Actes Sud.
Achevé d'imprimer
en septembre 2016
par Normandie Roto Impression s.a.s.
61250 Lonrai
sur papier fabriqué à partir de bois provenant
de forêts gérées durablement (www.fsc.org)
pour le compte
des éditions Actes Sud
Le Méjan
Place Nina-Berberova
13200 Arles.

Dépôt légal
1re édition : octobre 2015
N° d'impression : 1604300
(Imprimé en France)